La Resurrección de la Virgen María

Alex Gutiérrez

Puzzleworks L.L.C
P.O. Box 300
Sedona, AZ 86339-0300

©2009, Alejandro Gutiérrez
Derechos Reservados

LCCN 2009908054
ISBN-10 0982324324
ISBN-13 9780982324325

Diseño de la Portada por Graphics by Manjari y Andrés Gutiérrez
Pintura de la Portada: Raisa Goltsin
Edición del Manuscrito: Beatriz Closa
Traducción al Español: Patricia Gutiérrez
Edición del Texto en Español: Elsa Urízar
Diseño Interior: J.L. Saloff
Tipografía: Garamond Premier Pro, Palatino, Cochin

Se agradece al Centro Editoriale Valtoriano s. r. l., Isola del Liri (FR), Italia, editor de los siguientes libros: *El Evangelio Como Me Ha Sido Revelado* por María Valtorta; *The Book of Azariah* por María Valtorta; y *The Virgin Mary in the Writings of Maria Valtorta* por Fr. Gabriel Roschini, O.S.M. y por autorizar las citas de material con derecho de autor reservados a los trabajos completos de María Valtorta.
Todas las citas bíblicas son de la nueva Biblia Latinoamericana, excepto aquellas señaladas individualmente.

Excepto en los Estados Unidos de América, este libro es vendido sujeto a las condiciones de que no será, por vía de intercambio u otra manera, prestado, revendido, contratado a terceros, o circulado sin la autorización expresa del dueño de los derechos de autor, en ninguna forma de encuadernación o portada diferente a la cual el libro esta impreso y sin condiciones similares que no incluyan esta condición impuesta en los subsiguientes compradores.

La distribución no autorizada de este libro o partes de éste por vía de la Internet sin la autorización expresa del dueño de los derechos de autor es ilegal y penable por la ley. Por favor solo compre ediciones electrónicas autorizadas y no participe o incentive la piratería electrónica de materiales con derechos reservados.

Su apoyo a los derechos del autor es agradecida.

v.1.0
Primera Edición, 2009-07-31
Impreso en papel libre de ácido.

Contenido

Perdiendo la Iluminación 5
La Misteriosa Bendición y Voluntad de Dios . 21
   Descubriendo la Voluntad de Dios
   en Silencio 29
El Arca de la Alianza 37
Los Esenios y María 53
   La Importancia de la Caridad 59
   Plegaria de Intención 63
Inmaculada Concepción y Pureza de Cuerpo . 71
   El Nacimiento de María 79
La Anunciación y la Concepción Virginal . . . 89
   Meditación 91
   La Anunciación 94
   La Visitación 99
El Tiempo de Dios 105
   ¿Tuvo María Otros Hijos? 114

La Presentación de Jesús en el Templo . . . 117
El Amor de Dios 119
   El Amor de Dios 125
Sufrimiento y Desobediencia 135
El Camino de Regreso al Paraíso 151
   La Asunción 166
La Resurrección de María y Sus Mensajes . . 171
El Fin de los Tiempos o Eticalismo 191
   Simplificando Nuestras Vidas 196
   Consagración a María 204
El Rosario 209
Arbol Genealógico de Anne Catherine
   Emmerich 217
Fotografías de Cerro Las Pavas 219
Indice de Ética Corporativa: IEC 225
Consagración Mariana 229
Contacte al Autor 231

Le dedico este libro a mi madre y a mi padre, quienes me enseñaron la regla de oro: *Nunca hagas a otros lo que no quieras que te hagan a ti*, y me dieron una "familia perfectamente funcional."

A todos mis hijos que me apoyaron durante todo este proyecto y, de una u otra forma, me ayudaron a culminarlo.

Y a mi familia y amigos, especialmente aquellos quienes han estado allí para mí en aquellos momentos difíciles.

Agradecimientos

Este libro no hubiese sido posible sin la ayuda de mi esposa Beatriz. No solo estuvo a mi lado durante este proyecto (mi primer libro), viendo como nuestros ahorros se desvanecían, sino que también agregó su fabulosa sabiduría a cada página de este libro. Beatriz fue mi caja de resonancia y me ayudó a redondear mis ideas; fue mi editora, haciendo que mi tediosa escritura fuese más interesante para ustedes; y gracias a ella, nuestra Virgen María se ha convertido en una parte muy importante de mi vida.

Para ti, Beatriz, mi más profundo agradecimiento y amor eterno.

A Patricia, mi hermana, y Elsa, mi madre, quienes me ayudaron con la traducción del libro del inglés al español, y a mi hijo Andrés quien hizo el diseño de la portada, haciendo de este libro un lindo proyecto familiar.

A todos aquellos amigos, amigas y familiares que con su ayuda han contribuido a que este libro alcance la notoriedad que tiene.

Introducción

Este libro ha sido escrito desde la perspectiva de un hombre simple y curioso que busca el significado de la vida. No pretendo ser un Mariano experto y mucho menos un escritor de gran experiencia, de hecho, éste es mi primer libro. Sin embargo, creo que mi mérito yace en hacer de éste un libro simple, relevante y de interés universal para las personas comunes.

Hasta hace poco yo era un alto ejecutivo de una empresa internacional, creciente y exitosa. Sin embargo, y por razones que ustedes pronto descubrirán, renuncié a mi cargo para escribir este libro sobre la Virgen María. Encontré a María durante un largo camino de auto descubrimiento que inicié, entre otras cosas, por la posibilidad de muerte. Durante estos años me dediqué a la meditación y a encontrar mi espiritualidad, para sanar, en primer lugar, mi cuerpo emocional y luego mi cuerpo físico.

La mayoría de las personas desconocen muchos aspectos de la extraordinaria vida de María. Si los conocieran, cambiarían radicalmente su opinión sobre Ella, como me ocurrió a mí. María está apareciendo en muchos lugares en el mundo, pero poca gente está poniendo atención a sus mensajes. María se ha aparecido más en las últimas décadas que en todos los diecinueve siglos anteriores. ¿Por qué? ¿Una coincidencia? ¿Tiene esto alguna relación con que nos aproximamos al año 2012; año en el cual los mayas han anticipado el fin de un importante ciclo cósmico para la tierra? Discutiremos todas estas preguntas más adelante, pero el hecho de que estas apariciones estén sucediendo y que no se les ponga atención, confirma que la mayoría de la gente no conoce a María en realidad.

La imagen que pintaré de María refleja lo que, en estos últimos diez años, he ido descubriendo al armar el rompecabezas de mi vida. Este rompecabezas no venía con una foto en la tapa, por lo que cuando empecé, no sabía como se vería culminado. Actualmente puedo reconocer algunas partes y cada día continúo buscando las piezas que faltan.

Quiero que las personas comunes y corrientes conozcan a María. Quiero que María sea parte de la vida diaria de jóvenes, empresarios, amas de casa y madres y no solamente un objeto de la devoción de las señoras de la tercera edad. María es mucho más que un jarrón de porcelana decorativo.

María estremeció lo más íntimo de mi ser. Mientras más la conocía, más quería saber de Ella. Mientras más la descubría, más me enamoraba de Ella. Mi búsqueda de María me ha permitido descubrir la verdadera esencia de mi fe. Sin María jamás hubiese llegado a donde estoy ahora. No me malinterpreten, Jesús ha hecho y continúa haciendo cosas maravillosas en mi vida, Él sigue siendo el centro de mi vida, pero es a través de mi exploración de María que he aprendido y comenzado a entender mi propósito sobre la Tierra.

Sucede que yo soy ingeniero, y me es muy difícil aceptar las cosas sin entender sus razones. Estoy seguro que muchos estarán de acuerdo conmigo en esto. María me ayudó a encontrar las razones que sustentan mi fe, y esto me ayudó a multiplicarla por diez. Yo creo que mis descubrimientos pueden ser de gran utilidad para otras personas, y es por eso que me sentí impulsado a realizar un cambio drástico en mi vida y a escribir este libro; un libro simple y fácil de leer que busca traer de vuelta a esta increíble persona.

El libro recopila información importante, de muchas fuentes diferentes, sobre la vida de María, incluyendo las sagradas escrituras,

Introducción 3

tradición oral reflejada en los dogmas y revelación privada, que ayuda a llenar las brechas que han impedido que La conozcamos mejor. Sólo información relevante proveniente de revelaciones privadas de fuentes respetables que coinciden con la tradición oral han sido incluidas.

La meditación me ayudó muchas veces a escoger entre las diversas teorías y posiciones. Esta experiencia ha sido muy importante para mí, ya que una vez que el corazón de uno se ha llenado de María, Ella encuentra la forma de hacernos llegar los mensajes necesarios en el momento correcto. Esta realidad es válida tanto para mí como para todos aquellos con experiencia en meditación. El hecho de no ser un teólogo, ni un académico, ni una autoridad eclesiástica, me permite escribir sobre cosas que ninguno de ellos podría. No tengo ninguna afiliación con institución alguna y no tengo que responderle a nadie, excepto a Dios y a mi mismo, sobre lo que escribo.

Parte de la información en este libro puede ser bastante obvia para un académico, pero estoy seguro de que será de gran utilidad para la persona corriente que no ha tenido una educación religiosa formal. Y aún cuando usted haya tenido una educación religiosa formal, si es como la que yo he visto en los últimos diez años, probablemente encontrará información relevante que desearía haber conocido con anterioridad.

En este libro incorporo citas y referencias de dos extraordinarias visionarias: Anne Catherine Emmerich y María Valtorta. Los escritos de ambas mujeres han recibido comentarios positivos de las autoridades eclesiásticas, indicando que ninguna de ellas contradicen las Sagradas Escrituras y, por tanto, pueden ser utilizadas para enriquecer nuestra fe. Siempre me ha sorprendido la facilidad con la que algunas personas creen y siguen ideas bastante cuestionables y, a la vez, rechazan las que provienen de personas serias y altamente espirituales en base a un simple análisis racional y superficial. Algunas personas aún cuestionan la santidad de Anne Catherine Emmerich, quien vivió por doce años sin alimento, nutriéndose solamente con la Sagrada Eucaristía y agua. Lo repetiré en caso de que no lo hayan captado bien, ¡doce años sin alimento alguno!

A medida que vayamos avanzando discutiremos el significado de algunos de los mensajes recientes de María y lo que han significado en mi vida. Aún cuando hay mensajes de María desde otras partes del mundo donde Ella se encuentra o aparece, yo escogí los mensajes de Medjugorje, en Europa del Este, como los más representativos. Medjugorje es actualmente el sitio más importante de apariciones Marianas y los mensajes son similares y consistentes con los que aparecen en otros lugares.

Le pido al lector que medite sobre los mensajes de María presentados aquí. Son muy simples pero con un contenido muy profundo. Debido a su sencillez, su significado es fácilmente obviado, por tanto, medite sobre lo que estos mensajes significan para usted a medida que lee el libro.

Por último, pido disculpas si se siente ofendido por la forma en que me dirijo a la Santísima Virgen, al llamarla María sin otros calificativos. No es por falta de respeto, sino porque al llamarla María me siento mucho más cerca de ella, que cuando me dirijo a ella con todos los calificativos. Si podemos dirigirnos a Señor como Jesús, sin calificativos, pienso que también podemos dirigirnos a María sin calificativos. Comencemos, entonces, con nuestro viaje de descubrimiento de María.

Capítulo 1

Perdiendo
la Iluminación

Mi viaje de auto-descubrimiento comenzó en 1997, cuando literalmente tuve que alcanzar el fondo del pozo para comenzar a rehacer mi vida. Previamente, yo no era más que otro arrogante ejecutivo de alto nivel, trabajando para una compañía multinacional, trepando la escalera corporativa del poder y del ego y sintiéndome en la cima del mundo. Pero esto no era suficiente, en mi insaciable deseo por el éxito, ahora quería trasladarlo del mundo corporativo al mundo empresarial. Es así como renuncié a este empleo, y a todo su potencial futuro, para comenzar una compañía por mi cuenta. En aquel tiempo, estaba tan seguro de mi mismo, que no tenía ninguna duda de que sería inmensamente exitoso y la envidia de muchos.

La realidad fue otra y me golpeó directamente a la cara. La empresa no progresaba como yo lo esperaba y no lograba mantener financieramente a mi familia. Comencé a tener problemas en mi matrimonio, que para ese entonces había producido tres hermosos niños. Los problemas condujeron a una separación y luego al divorcio. Sin embargo, lo peor estaba aún por venir.

Fue un día a principios de Abril de 1997 cuando descubrí que tenía cáncer. ¿Qué le estaba sucediendo a mi vida? ¡Mi trabajo, mi matrimonio y mi salud se estaban desmoronando! Hoy sé que muchas enfermedades físicas comienzan en nuestro cuerpo emocional antes de alcanzar nuestro cuerpo físico. Los efectos emocionales de mi separación se estaban reflejando en mi cuerpo.

Había tenido que ir al médico por una pequeña molestia que sentía, pero nunca imaginé que sería cáncer. Después de un examen de ultrasonido el doctor me explicó, muy seriamente, que tenía un tumor canceroso del peor tipo y que era necesario removerlo de inmediato. Sugirió que pasara la noche en el hospital para realizar la cirugía en la mañana siguiente. Así de urgente era. Permanecí en silencio, estaba completamente anonadado.

Aquella noche en la soledad de mis pensamientos, una dulce señora de unos cincuenta años entró en mi habitación y me preguntó si quería recibir la comunión. Yo creía en Dios y mis padres me habían enseñado buenos valores, pero no era un cristiano practicante. Cuando pequeño, mi familia no iba a la iglesia, excepto a las bodas y a los bautizos, así que sabía muy poco sobre mi fe y mucho menos de los sacramentos.

Cuando esta señora me preguntó sobre la comunión, debo haber palidecido. En mi ignorancia, creí que era la comunión que se administra a los moribundos. Pensé que la situación debía ser mucho peor de lo que yo me imaginaba y que podría no salir de ésta vivo. Acepté la comunión, porque en el estado angustioso en el que me encontraba, Dios me estaba tendiendo una mano.

En la soledad de mi cuarto de hospital le pedí perdón a Dios y lloré hasta decir basta. ¿Cómo era posible que hubiese permitido que mi vida llegara a este estado lamentable? Yo siempre pensé que era alguien especial, que había sido bendecido con muchos talentos y que haría una diferencia en el mundo. Pero ahora estaba allí, acostado en una cama de hospital, contemplando tal vez el final de mi vida.

La operación fue todo un éxito y el tumor fue completamente removido. Sin embargo, mi vida ya nunca sería la misma. El doctor recomendó quimioterapia y/o radioterapia para asegurarnos que no quedaran células cancerosas en mi cuerpo. Yo preferí otra opción. Estos tratamientos no me convencían y sentí que debía haber otros métodos

Perdiendo la Iluminación 7

para sanarme en vez de bombardear mi cuerpo con sustancias tóxicas. Mi padre había muerto de cáncer hacía ya varios años y en aquel entonces, yo había investigado métodos alternativos de sanación.

Uno de los tratamientos contra el cáncer que me llamó la atención fue el del Dr. Atkins en Nueva York. Este es el mismo doctor que poco después se hizo famoso con la dieta Atkins para perder peso. Así que me fui a Nueva York y me sometí a todo tipo de exámenes, hasta pruebas para buscar metales pesados en mi cabello.

Con todos los resultados en la mano, me reuní con el Dr. Atkins y me dio su tratamiento. Este consistía en varios extractos de hierbas, minerales, vitaminas y la total eliminación de carbohidratos, azúcar, alcohol y cafeína. Seguí esta dieta estrictamente por más de un año, tomando las infusiones y todas las pastillas que me habían sido recetadas. Sentí que el tratamiento estaba dando resultado, aún cuando estaba perdiendo muchísimo peso.

Mi viaje había comenzado. El vivir solo trajo una nueva dimensión a mi vida y comencé a leer y a meditar. Busqué en la sección de auto ayuda en las librerías y descubrí autores que tendrían un gran impacto en mi recuperación, como "Quantum Healing" de Deepak Chopra.

Comencé a meditar diariamente por una hora y sentí que estaba derrotando al cáncer.

En mis meditaciones visualizaba un proceso de limpieza que empujaba todas las células cancerosas hacia mis pies y fuera de mi cuerpo. Al mismo tiempo, las plantas de mis pies se escamaban y se llenaban de puntos negros que salían como viejas astillas. Esto claramente reafirmó la efectividad de mi tratamiento. Las resonancias magnéticas y los exámenes de sangre realizados cada cuatro meses mostraban resultados positivos. ¡El tratamiento del Dr. Atkins y mis meditaciones estaban funcionando! Durante este tiempo aprendí muchísimo sobre como sanar el cuerpo, sin embargo, algo seguía faltando.

Entonces, a finales de 1997, fui invitado a participar en un retiro católico en Miami. No estaba muy entusiasmado con la idea de ir, pero cuando me explicaron que el retiro era guiado por hombres como yo y sin la participación de sacerdotes, decidí asistir. En aquella época sentía un fuerte rechazo hacia la idea de un retiro conducido por sacerdotes. ¿Qué podrían ellos saber de los retos de la vida más allá de lo que escuchaban en confesión? Puedo decir, con toda certeza, que fue en este retiro donde realmente conocí a Cristo por primera vez; el Ser al que aprendería a amar tanto.

La meditación había resultado tan efectiva que, mientras descubría a Cristo continuaba meditando. Encontré una forma de combinar mis nuevas plegarias a Cristo con mis meditaciones. Comencé a leer acerca de la historia de la filosofía y leí las biografías resumidas de Kant, Descartes y de varios otros filósofos.

Estaba tan ansioso por comprender el significado de la vida y de mi nueva fe, que leía cualquier cosa que me condujera a encontrar una de las piezas faltantes de mi rompecabezas. La "Historia de Dios" de Karen Armstrong, me permitió obtener información sobre otras religiones, incluyendo la Islámica y la Judía. El "Regalo de los Judíos" de Thomas Cahill, me iluminó sobre la historia de los Patriarcas Judíos. Leí a Michael Talbot, Alan Wolf y Stephen Hawking, quienes han escrito sobre física y la formación del universo.

Comencé a servir en los retiros de Emaus y allí conocí a Landy Silva, un oncólogo de Miami, quien con su comportamiento y ejemplo de vida me enseñó a conocer a la Virgen María. Landy tenía una verdadera devoción por María y se refería a Ella con mucho amor y mucha ternura. Había una gran diferencia entre la devoción de Landy y la que yo había visto en otras personas. Sentí que quería experimentar ese sentimiento, así que empecé a rezar el Rosario todos los días.

También comencé a leer a los santos y descubrí como estas personas soportaron las dificultades y descubrieron a Dios. Leí sobre San Agustín, San Francisco de Asís, Santa Catalina de Siena, Santa Brígida, Santa Teresa de Avila, Beata Anne Catherine Emmerich y algunos otros. En cada libro que leí, encontré una pieza de mi rompecabezas y la información que obtenía saciaba mi sed de conocimiento.

En el 2001, justo después de los ataques de Septiembre 11 sobre el World Trade Center, conocí a Beatriz, quien luego se convertiría en mi esposa. Beatriz también es devota de María y posee muchas de Sus cualidades: amor incondicional, sabiduría y pureza de corazón. Su vida ha estado rodeada de eventos relacionados con María, y esto aumentó mi curiosidad sobre la Madre y me mostró otra dimensión espiritual que yo no había descubierto.

Beatriz ha estado cerca de María desde que era una niña. El aroma a flores, que revela la verdadera presencia de María, aparecía a su alrededor con frecuencia y aún lo hace a veces. Yo he sentido ese aroma alrededor de Beatriz un par de veces y este milagro me confirmó que María en verdad estaba a nuestro lado, aún cuando no pudiéramos verla. La presencia de María en mi casa aumentó enormemente mi devoción hacia Ella.

Pasaron varios años y muchos otros autores ocuparon mi atención. Neal Donald Walsh, Wayne Dyer, Tony de Mello, Marianne Williamson, Miguel Ruiz y las visionarias Anne Catherine Emmerich y María Valtorta, contribuyeron con muchas de las piezas de mi rompecabezas. También leí con gran interés a Carlos Castaneda, Dolores Cannon y los libros sobre las experiencias de Edgar Cayce. Hoy en día existen muchas personas sobre la faz de la tierra que canalizan mensajes de María, sin embargo, hay tantas historias diferentes como autores que escriben sobre ellas.

En el 2007 llegué a la conclusión de que hacía falta un nuevo libro sobre María. Existe abundante información sobre Jesús y Su vida, sin embargo, la información sobre María es muy confusa. Necesitábamos un libro que sintetizara toda esta información sin el enfoque dogmático y que fuera atractivo a las personas de todas las religiones... y yo quería escribir ese libro.

La vida de María fue oscurecida durante la formación de la Iglesia católica, quedó atrapada entre la política y los egos masculinos. En el tiempo de Jesús y María, las mujeres eran ciudadanos de segunda clase, con muchos deberes y pocos derechos. Los hombres asumieron la conducción de la naciente Iglesia católica y no había lugar allí para una mujer en un papel protagónico. María sobrevivió gracias a los devotos y a la tradición oral, tal y como se evidencia en las obras arquitectónicas y pictóricas dedicadas a Ella. Posteriormente fue olvidada y no fue sino en los últimos 250 años que Ella ha resurgido con fuerza.

Para entender el papel de María en la historia, debemos utilizar la Biblia como referencia, ya que en la Biblia se nos indica que Ella fue creada desde el principio del tiempo. Su venida fue preparada y esperada por muchas generaciones porque Ella daría a luz al Hijo de Dios. La Biblia dice que Dios creó todo, incluyendo a Adán y Eva, los primeros humanos que vivieron en la recientemente creada tierra, a quienes dio el Jardín del Edén donde tendrían todo lo que necesitarían para vivir y multiplicarse.

He tenido problemas con esta historia del Génesis. Talvez usted sea como yo; a nuestra mente racional se le dificulta comprender aquellos conceptos que no tienen una base lógica. ¿Es ésta acaso una historia ficticia o realmente sucedió? ¿Es ésta acaso una representación de los hechos y los autores de la época lo adornaron de esta forma? Yo no lo sé. Pero vamos a darnos la oportunidad de explorar y descubrir como esta historia encaja en el tema de este libro.

Dios le dio a Adán y Eva *libre albedrío* y solamente les pidió *obediencia*. El Génesis describe la creación de Adán y Eva, y explica que estos primeros humanos fueron creados a imagen y semejanza de Dios.

"Hagamos al hombre a nuestra imagen y semejanza. Que mande a los peces del mar y a las aves del cielo, a las bestias, a las fieras salvajes y a los reptiles que se arrastran por el suelo." [Génesis 1:26]

Dios los bendijo diciendo "Sean fecundos y multiplíquense. Llenen la tierra y sométanla..." Dios también les dijo "Yo les entrego para que ustedes se alimenten, toda clase de hierbas, de semilla y toda clase de árboles frutales." Dios entonces creó los árboles, dos de ellos muy especiales: el árbol de la Vida y el árbol de la Ciencia del bien y del mal.

"Luego, Yavé plantó un jardín en un lugar del Oriente llamado Edén; allí colocó al hombre que había formado. Yavé hizo brotar del suelo toda clase de árboles agradables a la vista y bueno para comer.

Y puso en medio el árbol de la Vida y el árbol de la Ciencia del bien y del mal." [Génesis 2:8-9]

Adán y Eva recibieron la gracia de la vida eterna representada por el árbol de la Vida en el medio del jardín. Para que el libre albedrío pudiese funcionar en este mundo recientemente creado, la polaridad del bien y el mal estaba presente en el árbol de la Ciencia o del conocimiento del bien y del mal. El papel de los aún imperfectos Adán y Eva en esta creación de Dios, era la de buscar la perfección esencial de Dios. Mientras ejercitaban su libre albedrío en la tierra, deberían ser obedientes a Dios, no cayendo en las tentaciones del mal presentes en ella.

"Yavé tomó, pues, al hombre y lo puso en el jardín del Edén para que lo cultivara y lo cuidara. Y Dios le dio esta orden al hombre:"Puedes comer de cualquier árbol que hay en el jardín, menos del árbol de la Ciencia del bien y del mal; porque el día que comas de él, morirás sin remedio." [Génesis 2:15-17]

Además de la vida eterna y el libre albedrío que Dios les había dado, es interesante que Adán y Eva recibieran otros regalos que pueden parecernos sobrenaturales. Por ejemplo, sabemos que Eva podía dar a luz sin dolor, algo que las mujeres no pueden hacer hoy en día. Sabemos que aún cuando no usaban ropas para cubrir su cuerpo físico, no sentían vergüenza de su desnudez, lo que para mi implica que sus cuerpos eran probablemente energéticos y brillantes, como el de Jesús en la transfiguración.

"Los dos estaban desnudos, hombre y mujer, pero no por eso se avergonzaban" [Génesis 2:25]

Esto significa que Adán y Eva, en su perfecta pureza, no podían ver nada vergonzoso en sus cuerpos. Adán y Eva tampoco tenían que trabajar duramente para ganarse la vida, como la mayoría de nosotros hoy en día, ya que ellos tenían el Jardín del Edén a su disposición, con todo tipo de alimentos.

Según el Génesis, poco después de la creación de Eva sucede "La Caída". Eva fue tentada por la serpiente a comer el fruto del árbol prohibido, el árbol de la Ciencia del bien y del mal. Ella es víctima de la tentación del mal, representado por la serpiente, y a través de su libre albedrío decide desobedecer a Dios. La serpiente la convence de que no tiene que someterse a Dios, que una vez que coma la fruta, ella será como Dios. Orgullo en acción.

La serpiente replicó:"De ninguna manera morirán. Es que Dios sabe muy bien que el día en que coman de él, se les abrirán a ustedes los ojos y serán como dioses y conocerán el bien y el mal." [Génesis 3:4]

Eva sigue el consejo de la serpiente y come de la fruta prohibida, siendo la primera en *desobedecer* a Dios. Ella convence a Adán para que coma de la fruta prohibida y el cae también en la trampa, *desobedeciendo* a Dios.

"La mujer vio que el árbol era apetitoso, que atraía la vista y que era muy bueno para alcanzar la sabiduría. Tomó de su fruto y comió y se lo pasó enseguida a su marido, que andaba con ella, quien también comió." [Génesis 3:6]

Al comer de la fruta prohibida, Adán y Eva pierden algunos de los maravillosos regalos, o gracias, que habían recibido inicialmente de Dios. Primero, Eva ya no daría a luz sin dolor.

"A la mujer le dijo:
'Multiplicaré tus sufrimientos en los embarazos. Con dolor darás a luz a tus hijos, necesitarás de tu marido, y él te dominará.'" [Génesis 3:16]

Adán deberá trabajar duro para procurar el alimento. Ya no podrán simplemente obtenerlo del Jardín del Edén.

Perdiendo la Iluminación

"Al hombre le dijo:
'Por haber escuchado la voz de tu mujer y comido del árbol del que Yo te había prohibido comer: Maldita sea la tierra por tu culpa. Con fatiga sacarás de ella tu alimento por todos los días de tu vida. Espinas y cardos te dará, y comerás la hierba del campo. Con el sudor de tu frente comerás el pan hasta que vuelvas a la tierra, pues de ella fuiste sacado. Porque eres polvo y al polvo volverás.'" [Génesis 3:17]

De repente se dieron cuenta de su desnudez y sintieron vergüenza. Por su curiosidad, Adán y Eva perdieron su pureza y su inocencia, dando origen al ego, al concepto de "Yo" separado de Dios y del concepto original de "todos somos uno".

"Entonces se les abrieron los ojos y se dieron cuenta que estaban desnudos, y se hicieron unos taparrabos cosiendo unas hojas de higuera." [Génesis 3:7]

"Yavé Dios hizo para el hombre y la mujer túnicas de piel y los vistió." [Génesis 3:21]

Dios los expulsó del Jardín del Edén, del Paraíso, quitándoles la vida eterna, porque Él sabía que ellos ahora pecarían. Él sabía que a través del libre albedrío Adán y Eva habían escogido un destino que les traería mucho dolor y sufrimiento. Al no permitir a Adán y Eva el acceso al Arbol de la Vida, Dios se aseguró que este dolor y sufrimientos no fueran eternos.

"Después dijo:"He aquí que el hombre ha venido a ser como uno de nosotros, pues se hizo juez de lo que es bueno y malo. No vaya ahora a alargar su mano y tome también del Arbol de la Vida. Pues al comer de este árbol vivirá para siempre. Por ello lo echó de la tierra del Edén, para que trabajara la tierra de donde había sido formado'" [Génesis 3:21]

El pecado original cometido primero por Eva y luego por Adán, es la *desobediencia* a Dios, lo que inmediatamente llevó a su separación de Dios y *redujo a la raza humana a una expresión inferior de nuestro potencial tal y como fue creado por Dios*. Ambos "cayeron" de la gracia de Dios.

La razón por la cual destaco a Eva como la primera pecadora, es por la relevancia que esto tendrá en el papel, que más tarde en la historia, le tocará ejercer a María. Cuando Dios dice 'el hombre ha venido a ser como uno de nosotros, pues se hizo juez de lo que es bueno y malo', implica que si el hombre se mantenía obediente a Dios, él no conocería el mal. Aún cuando el libre albedrío era parte del hombre desde el principio, el mal no lo era. Por tanto, si el hombre hubiese seguido las instrucciones de Dios y hubiese usado su libre albedrío con sabiduría, se hubiese podido evitar el sufrimiento.

Había escuchado la historia de Adán y Eva, pero nunca había leído el Génesis ni había averiguado más sobre el asunto. La deseché como una fábula que no merecía mayor consideración. Pero ahora la considero de lo más intrigante, porque, he aquí dos seres humanos nacidos 'iluminados', como diríamos actualmente, y que luego perdieron su 'iluminación'. ¿Qué podemos aprender de ellos?

Yo soy uno de esos que ha estado buscando la iluminación durante los últimos años. Para mí, iluminación significa comprender a Dios y trascender a planos espirituales superiores, donde no exista el sufrimiento, y donde podamos encontrarnos llenos de la gracia de Dios. Para mí, la iluminación no significa el rechazo a las escrituras o a la fe religiosa, aunque respeto completamente aquellas tradiciones que prefieren la fe basada solamente en la razón. Pero para mí, la razón solamente no funciona. Sin embargo, he encontrado elementos de estas vías que me han ayudado, como por ejemplo, la meditación.

Si Adán y Eva perdieron su iluminación y se separaron de Dios al desobedecerle, entonces, si revertimos el comportamiento deberíamos ser capaces de encontrar nuevamente la iluminación. Si nos volvemos *obedientes* a la voluntad de Dios, deberíamos ganarnos nuevamente las gracias perdidas y encontrar la iluminación. ¿No creen que es un

Perdiendo la Iluminación

pensamiento interesante? La oración cristiana más popular es el Padre Nuestro, y en su quinto verso dice: "Hágase tu voluntad." Pero, ¿como hemos de saber cual es la voluntad de Dios en nuestras vidas? Mas adelante exploraremos estas ideas y su relación con la historia de María. Compartiré con ustedes como he podido identificar la voluntad de Dios en mi vida y que es lo que he hecho para ser lo más obediente posible. Veremos como María y Jesús vinieron a deshacer el pecado original de la desobediencia de Eva y Adán y como han mostrado el camino para que la humanidad pueda encontrar la iluminación. Para que usted, querido lector o querida lectora, pueda encontrar el camino a casa. El camino de regreso al Paraíso.

No solo los humanos cayeron, los ángeles también lo hicieron y su caída tuvo importantes consecuencias para la humanidad. De hecho, Eva podría no haber sido tentada por la serpiente, que simboliza la naturaleza maligna de los ángeles caídos, con Lucifer a la cabeza. Revisaremos esta parte de la historia de la creación en las visiones y escritos de dos mujeres: María Valtorta y Anne Catherine Emmerich.

María Valtorta nació en Caserta, Italia en 1897 y murió en 1961 a la edad de sesenta y cinco años, haciendo de ella una mística bastante contemporánea. María Valtorta era una enfermera de hospital que tuvo un accidente que le impidió moverse libremente y quedó confinada a una cama para el resto de su vida. Entre 1943 y 1953, escribió casi quince mil páginas manuscritas sobre varios eventos bíblicos. Ella escribió estas páginas por inspiración divina, recibiendo la información directamente de María o Jesús u otro personaje bíblico. Nunca corrigió ni uno de sus quince mil manuscritos.

A veces la información le era dictada, otras, tenía visiones de estar en el lugar de los hechos. María Valtorta declaró: "Puedo afirmar que no he tenido fuente humana alguna que pudiese saber sobre lo que escribo, ni sobre lo que a menudo ni siquiera entiendo, aún mientras lo escribo." En algunos de sus escritos ella hace referencia a hechos históricos y ubicaciones geográficas completamente desconocidos para ella, y que luego de verificación demostraron ser correctos. El Papa Pío XII dijo en relación a la obra de María Valtorta utilizada aquí como referencia: "Publíquese este trabajo como está. No hay necesidad de dar una opinión de su origen, ya sea extraordinario o no. El que lo lea, entenderá." [Osservatore Romano, Febrero 26, 1948]

Los escritos de María Valtorta indican que cuando todas las cosas fueron creadas, no sólo se creó a los humanos, también se creó a los ángeles. Los humanos fueron ubicados en el Jardín del Edén y los ángeles en el Paraíso de los Ángeles, también llamado Cielo. Ángeles y humanos fueron creados para vivir en amor y amistad con Dios. La prueba de los ángeles consistió en aceptar la revelación que, en algún momento, la divina Palabra encarnaría en un humano. La Palabra fue el Primer Pensamiento Eterno de Dios, o el concepto del Hijo de Dios. La prueba para los humanos era la obediencia de no comer del fruto del árbol prohibido.[1]

Pero tanto los ángeles como los humanos fallaron en sus pruebas y perdieron Su gracia. Un grupo de ángeles movidos por el orgullo y con Lucifer a la cabeza, no aceptaron que la Palabra de Dios encarnara como humano en vez de ángel, y se negaron a adorar a Dios. Entonces Dios los expulsó del Cielo y los envió al Infierno. Los restantes ángeles estaban preocupados, desanimados e inseguros. Se sentían perdidos y sin esperanza. Si los ángeles caídos habían sucumbido al orgullo, ¿qué podían hacer ellos para permanecer puros y honrar a Dios y no caer?

Anne Catherine Emmerich registra eventos similares. Ella era una monja alemana, católica romana, mística y visionaria que vivió entre 1774 y 1824. Las visiones de Anne Catherine Emmerich son recuerdos vívidos de las vidas de María y Jesús, como si ella hubiese estado presente en el tiempo y lugar de los hechos. En el 2003, el actor Mel Gibson resaltó las visiones de Anne Catherine Emmerich al usarlas como una fuente adicional de información para su película *La Pasión de Cristo*.

En 1813 fue confinada a una cama y en su cuerpo aparecieron estigmas. Los estigmas eran heridas en los sitios donde Jesucristo recibió Sus heridas durante la crucifixión. Los últimos doce años de su vida

---

1 *The Book of Azariah (El Libro de Azariah)* de María Valtorta, pp. 280

no podía comer alimento alguno excepto la Sagrada Comunión y solamente podía beber agua. La Iglesia y médicos examinaron sus estigmas asegurando su autenticidad, así mismo, confirmaron que la comunión era su único sostén de vida. La descripción detallada que dio Anne Catherine Emmerich sobre el sitio de la muerte de María, ayudó a los arqueólogos a encontrarlo. El 3 de Octubre de 2004, el Papa Juan Pablo II la beatificó.

Anne Catherine Emmerich explica que el hombre fue creado para llenar el vacío dejado en el cielo por los ángeles caídos. Ella explica como Adán recibió una 'Bendición' de Dios, que en aspecto físico tenía la forma de un frijol que, en realidad, estaba dentro del cuerpo de Adán. Esta Bendición contenía la Palabra o, el Eterno Pensamiento de Dios, del cual nacería Cristo. Debido a la Caída, Adán fue despojado de esta Bendición. [*The Lowly*, I, páginas 2-4] [2]

Anne Catherine Emmerich también explica que los ángeles caídos, encabezados por Lucifer, se separaron por orgullo de los demás ángeles del cielo. En sus visiones ella describe un gran globo resplandeciente de luz que brilla como el sol. Bajo este globo, flotaban círculos concéntricos, formando una esfera más pequeña, donde los coros de ángeles buenos viven. Estos círculos habían nacido del amor del gran globo sol.

Repentinamente ella vio a un grupo de estos ángeles separarse de los ángeles buenos y se concentraron en otro disco, pero esta vez era oscuro y mucho más pequeño que la esfera de la cual se habían caído. Ella explica que la razón por la que estos ángeles cayeron fue porque los veía extasiados en la contemplación de su propia belleza, complacidos de sí mismos. Pareciera que el orgullo y la soberbia en ángeles y hombres han sido y son las causas de la ruina del plan de Dios.

Regresando a las visiones de María Valtorta, cuando los ángeles

---

2 *The Lowly Life and Bitter Passion Of Our Lord Jesus Christ And His Blessed Mother; Together With The Mysteries Of The Old Testament* (1914)(La Humilde Vida y Amarga Pasión de Nuestro Señor Jesucristo y su Madre Bendita; Junto con los Misterios del Antiguo Testamento) de Anne Catherine Emmerich está compuesto de cuatro volúmenes. Citas y referencias a este libro están indicadas como [*The Lowly*, Volumen, Página XX]

buenos estaban desesperados y sin esperanzas, Dios reaccionó rápidamente y les mostró a María, también en el Pensamiento Eterno de Dios. Esto los hizo alegrarse y celebrar, porque que había una salida al problema. Los ángeles entendieron que el plan de Dios triunfaría y que el bien derrotaría al mal.

Maria Valtorta registra lo que sucedió por las palabras de uno de los ángeles buenos, Azariah.[3] Cuando Azariah habla de la primera revelación del Pensamiento Eterno, se refiere a la encarnación de la divina Palabra—Cristo. Cuando se refiere a la segunda revelación del Pensamiento Eterno, se refiere a María.

Y si a través del conocimiento del primero [Pensamiento Eterno] sobrevino el desorden creado por los orgullosos [ángeles] que no quisieron adorar la Divina Palabra; a través del conocimiento del segundo [Pensamiento Eterno] la paz que había sido perturbada regresó a nosotros.

Nosotros vimos a María en el Pensamiento Eterno de Dios. Verla a Ella y poseer aquella sabiduría que es consuelo, seguridad y paz, fue una y la misma cosa. Nosotros saludamos a nuestra futura Reina con el canto de nuestra Luz y contemplamos su perfección voluntaria y gratuita. ¡Oh, la belleza de ese momento en el cual, para el consuelo de sus ángeles, el Eterno les presentó la joya de su Amor y Poder! Y La vimos tan humilde, como para compensar por Si misma todo el orgullo de las criaturas.

A partir de ese momento, Ella fue nuestra maestra en como no convertir los regalos en instrumentos de ruina. Al haber contemplado por un instante en el Pensamiento de Dios, a la Más Humilde, no fue su imagen corpórea sino su espiritualidad, la que nos habló sin palabras y nos preservó de todo pensamiento de orgullo. Por siglos y siglos trabajamos en la dulzura de aquella revelación radiante.

Por siglos y siglos a través de la eternidad nos hemos regocijado, nos

---

3   Azariah es el Arcángel Rafael, como se explica en la Biblia en Tobías 5:4 y 5:13

Perdiendo la Iluminación

regocijamos y nos regocijaremos al poseer a Aquella que contemplamos espiritualmente. El Júbilo de Dios es nuestro júbilo, y nos mantenemos en su Luz para ser penetrados por ella y para darle júbilo y gloria a El que nos ha creado." [*The Book of Azariah*, Página 281].

María fue anunciada por Dios a los ángeles Buenos, permitiendo que se regocijaran y dándoles el conocimiento que después de la Caída de los ángeles y del hombre, aún había esperanzas que las creaciones de Dios enderezaran sus caminos. La imagen equivalente en el Génesis sería la de Dios mostrando a María aplastando a la serpiente con Su pie. Éste es el origen de la imagen de María pisando a la serpiente como símbolo del triunfo del bien sobre el mal.

"Haré que haya enemistad entre ti y la mujer, entre tu descendencia y la suya, ésta te pisará la cabeza mientras tú te abalanzarás sobre su talón." [Génesis 3:15]

Me pregunto si Dios había previsto la Caída de los ángeles y de los humanos cuando imaginó o vislumbró a María, o si creó a María suponiendo que ni humanos ni ángeles caerían. Cualquiera que sea la respuesta, está claro que María fue anunciada a los ángeles después de la Caída de los ángeles y la Caída de los humanos, y fue la manera en que Dios reparó el daño hecho por Lucifer y Eva. Por tanto, María ha existido en el plan de Dios desde el principio del tiempo.

María Valtorta registra otra conversación de Jesús con sus discípulos, donde Él hace referencia a la existencia de María desde el principio del tiempo.

El alma de mi Madre *desde siempre* es pensada por Dios. Por tanto es eterna en su belleza, en la cual Dios ha vertido todas las perfecciones para recibir de ella delicia y confortación. [*El Evangelio*, V, Página 315][4]

---

4 *El Evangelio Como Me Ha Sido Revelado de María Valtorta* consta de diez volúmenes. Las citas se indican como [*El Evangelio*, Volumen, Páginas XX].

He aquí la clave. Si María ha existido desde el principio del tiempo, debe haber, por tanto, un plan que contemplara como María encarnaría. Yo creo que esta vez Dios quería asegurarse que todo saldría bien y se tomó su tiempo. Pasaron muchos siglos y muchas generaciones antes que María caminara la tierra después de Adán y Eva. En mi opinión, todos estos siglos y generaciones fueron necesarios para purificar la raza humana y permitir el nacimiento de María.

Revisaremos algunos capítulos críticos de la historia de estas generaciones y de los testimonios escritos en los libros antiguos de la Biblia. Descubriremos que, a través de la historia, la obediencia fue fundamental para Dios. Si la humanidad hubiese obedecido a Dios con anterioridad, talvez María hubiese venido antes, pero debieron pasar miles de años y muchas generaciones para que la humanidad evolucionara y finalmente diera origen a personas con suficiente pureza de corazón de las que María pudiera nacer.

También revisaremos el papel de María en el final de los tiempos. Si Ella existió desde el principio del tiempo, es lógico pensar que también tendrá un papel protagónico en el final, sea cuando sea. Talvez deberíamos preguntarnos porqué tantas apariciones de María en los últimos años. ¿Será que Ella está nuevamente preparando el camino para nuestra salvación?

Capítulo 2

La Misteriosa Bendición y Voluntad de Dios

En el último capítulo vimos como María ha existido en el plan de Dios desde el principio del tiempo. Como la desobediencia de Adán y Eva nos hizo perder mucho de nuestro parecido con Dios y nos redujo a una expresión mucho menor a nuestro diseño original. Ahora analizaremos como Dios reparó el daño hecho por Adán y Eva y dio a la humanidad la oportunidad de recuperar algo de su pureza. Veremos como a través de los patriarcas, Dios estaba preparando el camino para que María naciera.

Después que Adán y Eva abandonaron el Paraíso, tuvieron que vivir como humanos normales, con todas nuestras alegrías y frustraciones. Tuvieron muchos hijos, los primeros fueron Caín y Abel, los dos hermanos de la famosa historia. Por celos, Caín asesina a Abel, demostrando la naturaleza maligna de la incipiente raza humana. Adán y Eva tienen luego otro hijo llamado Seth, del cual se origina el linaje de los patriarcas. Seth vivió ochocientos setenta años, bastante tiempo para nuestros estándares actuales.

He contado nueve generaciones entre Seth y Noé. La tierra se fue poblando rapidamente, ya que en aquella época, la gente de edad avanzada podía tener hijos. Al parecer, a medida que la población crecía, la gente continuó con su comportamiento pecaminoso, por lo que Dios decidió acortar la vida del hombre a ciento veinte años, algo que, como veremos luego, sucedió gradualmente.

"Entonces dijo Yavé: 'No permanecerá para siempre mi alma en el hombre, porque no es más que carne; que sus días sean de ciento veinte años'." [Génesis 6:3]

Pero reducir el tiempo de vida no fue suficiente; el disgusto de Dios con la raza humana era tan grande que decidió enviar el diluvio universal para eliminar a la humanidad. El confió en Noé para preservar la raza humana y al reino animal.

"Yavé vio que la maldad del hombre en la tierra era grande y que todos sus pensamientos tendían siempre al mal. Se arrepintió, pues, de haber creado al hombre y, muy a su pesar, dijo: 'Exterminaré de la tierra a los hombres, que he creado, desde el hombre hasta los animales, los reptiles y las aves del cielo; pues me pesa haberlos creado.' Noé, sin embargo, se había ganado el cariño de Yavé." [Génesis 6:5-8]

Ustedes conocen el resto de la historia de Noé. Construyó el arca siguiendo las instrucciones de Dios y se embarcó en ella con su esposa, los tres hijos que tuvo a los quinientos años—Sem, Cam y Jafet—y las esposas de sus hijos. Cuando la inundación bajó, desembarcaron y comenzaron un nuevo orden mundial.

"Después bendijo Dios a Noé y a sus hijos con estas palabras: 'Crezcan, multiplíquense y pueblen la tierra.'" [Génesis 9:1]

"Los hijos de Noé que salieron del Arca eran: Sem, Cam y Jafet; Cam es el padre de Canaán. Estos tres son los hijos de Noé, y de éstos se propagó todo el género humano sobre la tierra." [Génesis 9:18-19]

La Misteriosa Bendición y Voluntad de Dios

Dios estableció un pacto con Noé y sus hijos. Dios dijo que El no volvería a destruir todas las cosas vivientes por medio de una inundación. Pero que ellos deberían obedecer dos sencillas reglas: No podían comer carne viva y no podían quitarle la vida a otro ser humano. Estos simples requisitos requerían *obediencia*.

El linaje de los patriarcas continúa a través de Sem. Nueve generaciones después de él, cada una viviendo vidas más cortas como Dios lo diseñó, vino Abram. La familia de Abram era nativa de Ur, pero se habían mudado a Harán, una antigua ciudad de Mesopotamia, hoy en día en lo que es el sureste de Turquía.

Como podemos ver, Abram, que luego en la Biblia es llamado Abraham, era descendiente directo de Noé. El fue el primero de los "elegidos", las personas que prepararían el camino para la venida de María. Probablemente Abram estaba en su rutina cotidiana en Harán, el pueblo en el que vivía, cuando Dios se le aproximó. Dios le pidió que abandonara Harán con su esposa Sarai y se fuera a Canaán.

> "Yavé dijo a Abram: 'Deja tu país, a los de tu raza y a la familia de tu padre, y anda a la tierra que yo te mostraré. Haré de ti una nación grande y te bendeciré. Engrandeceré tu nombre, y tu serás una bendición.'" [Génesis 12:1-2]

Alrededor de 1850 A.C., Abram tomó a su esposa, a su sobrino y sus pertenencias y marchó hacia Canaán. Imagino que debe haber sido muy difícil para Abram hacer esto, Dios nunca le había hablado antes y en aquella época la humanidad adoraba a muchos dioses diferentes, no tenían el concepto de un Dios único. ¿Como podía saber si en realidad era Dios hablándole y no su imaginación?

¿Acaso esto no nos ha sucedido a todos nosotros? ¿Cuando escuchamos una voz en nuestro corazón que nos pide que hagamos algo? Nuestra mente racional rápidamente analiza la situación y nos convence de que no es Dios sino nuestra imaginación la que nos habla. Entonces desechamos el hecho y luego lo olvidamos. Esto me ha sucedido muchas veces, pero recientemente he aprendido a escuchar más a mi corazón, a estar más atento y a responder a sus señales.

En Noviembre de 2006, Beatriz y yo fuimos a Sedona, Arizona, por cinco días, a un hermoso hotel-spa. Sedona es uno de los lugares más hermosos del mundo. Se encuentra al norte de Arizona a mil quinientos metros de altura sobre el nivel del mar. Es bastante verde y en invierno cae nieve. Su mayor atractivo son las formaciones rocosas que decoran el paisaje con colores rojos y anaranjados. Los atardeceres en Sedona son espectaculares, el sol brilla sobre las rocas creando colores peculiares y diferentes cada día.

Al finalizar nuestra estadía de cinco días, nos entristecía irnos. Mientras esperábamos que el avión despegara del aeropuerto de Phoenix, le comenté a Beatriz que sentía que estaba dejando un lugar muy querido para mí. No había experimentado este sentimiento con mi ciudad de Miami, ni con ningún lugar donde había vivido antes. Curiosamente, Beatriz se sentía de la misma manera.

Beatriz y yo hablábamos de lo lindo que sería vivir en Sedona, y de como éste sería un gran cambio en nuestras vidas. Por un lado, yo era el presidente de una compañía internacional que contribuí a construir y debía viajar frecuentemente a nuestras oficinas en el exterior. ¿Como podría continuar con mi trabajo desde Sedona con el aeropuerto de Phoenix a casi dos horas de distancia? No parecía posible. También deberíamos cambiar a las niñas de colegio y dejar a todos nuestros amigos.

Pero el llamado en nuestros corazones por Sedona se hacía más fuerte cada día, ya no queríamos permanecer en Miami. En 2006, habíamos puesto nuestra casa en venta por varios meses sin éxito. Queríamos mudarnos a otra zona de la ciudad de Miami que estuviese más cerca de mi céntrica oficina, ya que mi tiempo de traslado se había duplicado en los últimos años debido al tráfico. Nuestro contrato con el corredor de bienes raíces estaba por caducar en una pocas semanas y la casa no se vendía.

Decidimos que cuando el contrato caducara pondríamos la casa en venta por nuestra cuenta, si la casa se vendía, lo interpretaríamos como una señal positiva de Dios y del universo hacia nuestra mudanza

La Misteriosa Bendición y Voluntad de Dios   25

a Sedona. Todavía quedaba el asunto de mi trabajo, pero decidimos abordar una cosa a la vez.

Dos días después de que el contrato expirara, recibimos una llamada de una persona interesada en comprar la casa. Vinieron a verla, se enamoraron de ella y nos hicieron una oferta que no pudimos rechazar. Mejor aún, al venderla por nuestra cuenta, nos ahorramos la comisión del corredor. Pensamos entonces que esta respuesta tan rápida era una señal muy fuerte de que Sedona era una posibilidad real para nosotros.

El próximo paso era llegar a un acuerdo con mis socios sobre trabajar remotamente. Decidí hablar pronto con ellos y para mi sorpresa, apoyaron mi traslado. Poco después de esto aumentaron mi salario, por lo que supuse que mis socios querían asegurarse de que siguiera trabajando con la compañía desde Sedona. Ahora sabíamos que Sedona se convertiría en una realidad.

Lo interesante de esta historia, es que Dios nos estaba hablando a través de nuestros corazones. Podríamos haber decido no hacerle caso y seguir normalmente con nuestras vidas, pero no fue así. No solo escuchamos, sino que además pusimos nuestras mentes y nuestro esfuerzo para seguir los consejos de nuestros corazones.

Mi experiencia me dice que cuando las puertas se abren con facilidad, como sucedió con nuestra mudanza para Sedona, el universo está conspirando para que las cosas se hagan realidad. Dios está moviendo los hilos para que Su voluntad se haga en nuestras vidas. Por el contrario, cuando las puertas permanecen cerradas y por más que nos esforcemos no logramos progresar, es porque estamos moviéndonos en una dirección que no es la voluntad de Dios para nosotros. ¿Acaso esto no les resulta familiar?

¿Que hubiese sucedido si Abram no hubiese seguido el llamado de Dios y se hubiese quedado en la comodidad de su rutinaria vida en Harán? En realidad no lo sabemos, pero talvez, yo no estuviese escribiendo este libro y usted no estaría leyéndolo.

La probabilidad que Dios se nos aparezca y nos diga lo que debemos hacer es prácticamente imposible para la mayoría de nosotros. Entonces, ¿cómo podemos saber cual es la voluntad de Dios en nuestras vidas? Bueno, una forma es escuchando lo que nuestros corazones tienen que decir a través de la práctica de la meditación y la oración. Podrá leer más sobre esto en los próximos capítulos.

Algún tiempo después cuando Abram estaba en Canaán, hubo una hambruna en la zona y para sobrevivirla, Abram tuvo que irse a Egipto con su familia. Sarai, la esposa de Abram, era una mujer muy hermosa y el Faraón lo notó. Para resumir, el Faraón ayudó a Abram y Sarai y se hicieron ricos en Egipto. Después de algún tiempo, Abram y Sarai regresaron a Canaán, pero no habían logrado tener hijos.

Cuando Abram tenía noventa y nueve años, Dios se le apareció nuevamente e hizo una alianza con él "Yo soy el Dios de la Alturas, anda en mi presencia y trata de ser perfecto" [Génesis 17:1]. Le pidió que cambiara su nombre a Abraham y Sarai a Sara. Le prometió que tendría un hijo de Sara. Pero Abraham no creyó esto, ya que Sara era mayor y estéril.

"Dios le habló así: 'Esta es mi alianza que yo voy a hacer contigo: tú serás el padre de muchas naciones. No te llamarás más Abram, sino Abraham, porque te tengo destinado a ser padre de muchas naciones. Yo te haré crecer hasta lo sumo; pueblos y reyes saldrán de ti.'" [Génesis 17: 4-6]

"Dios dijo a Abraham: 'A Saray tu esposa ya no la llamarás más Saray, sino Sara. Yo la bendeciré y te daré de ella un hijo. La bendeciré de tal manera que pueblos y reyes saldrán de ella'. Abraham, agachándose, tocó la tierra con su cara y se puso a reír, pues pensaba: ¿A un hombre de cien años le nacerá un hijo? ¿Y Sara a sus noventa años va a dar a luz?" [Génesis 17: 16-17]

Dios continúo explicando que El mantendría su pacto con él. Una alianza eterna para ser su Dios y el Dios de sus descendientes. Le dijo a Abraham que estaba instituyendo la circuncisión de todos los hombres

La Misteriosa Bendición y Voluntad de Dios 27

como señal de la alianza. Abraham siguió las instrucciones de Dios y tanto él como todos los hombres de su casa fueron circuncidados.

Más adelante, Dios volvió a aparecérsele a Abraham mientras él estaba sentado frente a su carpa, ésta vez, con la apariencia de tres hombres. Dios reiteró la promesa hecha con anterioridad de que Sara tendría un hijo de él y que se llamaría Isaac. También le dijo que Él regresaría al año siguiente, y para ese entonces, Sara ya tendría el hijo.

Sara que estaba escuchando a la entrada de la carpa, se rió para si misma pensando, "Después de haber envejecido, ¿conoceré el placer con mi marido que es tan viejo?" [Gen 18:12]. Dios le respondió a Abraham que la risa de Sara era injustificada, porque nada era imposible para Dios.

En sus visiones, Anne Catherine Emmerich tiene una versión similar sobre estos eventos. Abraham estaba sentado en frente de su carpa bajo un enorme árbol, cercano a su altar y sumergido en sus plegarias cuando vio en el cielo un rayo de sol que anunciaba la venida de tres hombres blancos. Abraham se levantó y sacrificó un cordero en el altar en acción de gracias. Antes de que el sacrificio hubiese terminado, tres ángeles aparecieron en el camino y Abraham se apresuró a encontrarlos, se inclinó ante ellos y los llevó a su carpa y al altar.

En el altar, los ángeles le ordenaron a Abraham que se arrodillará. El primer ángel le anunció a Abraham que Dios traería a "una inmaculada doncella quien, permaneciendo virgen, sería la madre del Redentor". El ángel también le anunció que ahora él recibiría de ellos lo que Adán había perdido por el pecado.

El ángel le hizo comer una pequeña porción de un objeto brillante y le hizo beber, de una pequeña taza, un líquido luminoso. Luego lo bendijo con su mano derecha, trazando tres líneas rectas que se cruzaron por debajo del pecho. Una bajaba de su frente, la siguiente de su hombro derecho y la última de su hombro izquierdo. El ángel entonces sujetó algo con ambas manos, "como una nube luminosa", y la llevó hacia el pecho de Abraham hasta que entró en él. Esta fue la misma Bendición que había sido removida de Adán.

El segundo ángel le dijo a Abraham que él debería impartir la bendición al primogénito de Sara en la misma manera en la que él la había recibido. Fíjense en la terminología, aun cuando Sara sólo tendría un hijo, el ángel aún se refería a él como el primogénito. Esto será relevante más tarde. También le dijo que su nieto Jacob sería el padre de doce hijos de los cuales nacerían doce tribus.

El tercer ángel le dijo a Abraham que el primogénito de Sara debía llamarse Isaac. En el momento en que este ángel está hablando a Abraham, Sara escucha que ella concebirá un hijo, y no puede evitar reírse ante la idea de que a su edad avanzada podría tener un hijo.

Pues, Sara concibió y dio a luz un hijo tal y como Dios lo había dicho y fue llamado Isaac. Y he aquí, talvez, una de las más difíciles partes de la Biblia: cuando Dios pone a prueba a Abraham y le pide que sacrifique a Isaac.

"Dios le dijo: 'Toma a tu hijo, al único que tienes y al que amas, Isaac, y anda a la región de Moriah. Allí me lo sacrificarás en un cerro que yo te indicaré.'" [Génesis 22:2]

Si no hubiésemos establecido el papel de la *obediencia*, esta solicitud sería una absoluta monstruosidad. ¿Cómo podría Dios pedir algo como eso? Dios quería saber si Abraham sería *obediente*, ya que de él descenderían generaciones tras generaciones que eventualmente darían origen a María y luego a Jesús. Si Abraham no iba a ser *obediente* a la voluntad de Dios, todo el plan fracasaría.

La historia dice que Abraham en perfecta *obediencia* intentó realizar las instrucciones de Dios, pero en el último instante, el ángel de Dios se le apareció nuevamente y le dijo: "No toques al niño, ni le hagas nada. Pues ahora veo que temes a Dios, ya que no me negaste a tu hijo, el único que tienes." [Génesis 22:12]. Y Dios continúo diciendo:

"Juro por mi mismo que, ya que has hecho esto y no me has negado a tu hijo, el único que tienes, te colmaré de bendiciones y multiplicaré tanto tus descendientes que serán como las estrellas del cielo y como la arena que hay a la orilla del mar. Conquistarán las tierras de sus enemigos. Porque obedeciste mi voz, yo bendeciré,

La Misteriosa Bendición y Voluntad de Dios   29

por medio de tus descendientes a todos los pueblos de la tierra.'" [Génesis 22:16]

La reaparición del término obediencia es importante y continuará siendo un tema recurrente con los patriarcas. Dios necesitaba que la raza humana se purificara y para ello, necesitaba de la obediencia. ¿Y que es la obediencia si no tener la suficiente sabiduría como para comprender cual es la voluntad de Dios en nuestras vidas y tener el valor de seguirla? Pero, ¿cómo saber cual es la voluntad de Dios en nuestras vidas?

Descubriendo la Voluntad de Dios en Silencio

Ésta es tal vez una de las cosas más difíciles de lograr. Realizar la voluntad de Dios es la única manera de encontrar el camino de regreso al Paraíso, de encontrar la iluminación. Es difícil de lograr porque no sabemos cual es la voluntad de Dios en nuestras vidas, por tanto, ¿cómo podemos dirigir nuestras vidas en una dirección desconocida? Esta es la típica pregunta circular, ¿qué es lo que viene primero? Maria, en Sus mensajes desde Medjugorje, constantemente nos pide que busquemos la voluntad de Dios.

Mensaje de María del 25 de Abril, 2008, desde Medjugorje: "¡Queridos hijos! ... *Busquen la voluntad de Dios* y hagan el bien a quienes Dios ha puesto en su camino, y sean luz y alegría. Gracias por haber respondido a mi llamado." [http://www.medjugorje.org]

Seguir la voluntad de Dios es como ir en un bote en la mitad del océano, donde Dios está en control del timón y usted está en control de los remos. El bote no se moverá hacia adelante si usted no rema, pero si usted rema, no sabe en que dirección se moverá, ya que Dios tiene el control del timón. Que es lo que viene primero ¿conocer la dirección o remar? ¿El huevo o la gallina? Yo les recomiendo que nunca dejen de remar, aun cuando no sepan hacia donde van. Es una forma de expresar

30   La Resurrección de la Virgen María

confianza en Dios y una demostración que trabajarán duro para seguir la voluntad de Dios.

Esto puede sonar un poco tonto, pero en mi vida ha sido lo que mejor ha funcionado. Muchas veces me he encontrado en situaciones que al principio se ven desfavorables o donde la dirección no estaba clara; sólo porque continué avanzando las cosas resultaron para mejor. Dios siempre sabe lo que es mejor para nosotros y debemos confiar en Su buen juicio. Así que, sigan remando y pidiéndole a Dios que les muestre el camino. Nunca se detengan porque eso interrumpe el flujo de la abundancia Universal en su vida.

¿Cómo encontramos el silencio necesario para escuchar a Dios en nuestros corazones? Personalmente, eliminé la mayor cantidad de ruido de mi vida. Detuve la suscripción a los periódicos ya que sólo invadían mi vida con información inútil y negativa, liberándome así del yugo de las noticias y de la "necesidad de estar informado". Mi madre me criticaba a menudo porque me convertiría en un ignorante de los eventos mundiales. Pero ¿para qué estar informado? Incluso como ejecutivo, confirmé que lo podía hacer muy bien sin el diluvio de noticias sensacionalistas que nos rodean.

Mensaje de María del 25 de Julio, 2006 desde Medjugorje:
"¡Queridos hijos! En este momento, no piensen sólo en el resto de su cuerpo pero, pequeños, encuentren también tiempo para el alma. En *silencio* el Espíritu Santo puede hablarles y le permiten convertirlos y cambiarlos. Estoy con ustedes e intercedo por cada uno de ustedes ante Dios..." [www.medjugorje.org]

Reduje drásticamente el tiempo frente al televisor y dejé de ver eventos deportivos que consumían tantas horas de mi vida. También disminuí radicalmente el tiempo que utilizaba escuchando música. A pesar de mi amor por la música, opté por permanecer alejado de los ipods y aparatos similares que someten el cerebro. El tiempo que liberé fue productivamente empleado en leer sobre María, Jesús y los santos, o leyendo la Biblia, sirviendo todo esto a un interés mayor: mi regreso a Dios.

La Misteriosa Bendición y Voluntad de Dios 31

Mensaje de María del 25 de Mayo, 2007 desde Medjugorje: "¡Queridos hijos! Oren conmigo al Espíritu Santo para que Él los conduzca en la búsqueda de la *voluntad de Dios* y hacia su santidad. Y tú que estás tan lejos de la oración, conviértete y, en el *silencio de tu corazón*, busca la salvación para tu alma y aliméntalo con plegarias..." [www.medjugorje.org]

El filósofo y teólogo danés Kierkegaard, una de las mentes Cristianas más prominentes de siglo 19, dijo que si tuviera que recetar un remedio para todos los males del mundo moderno, prescribiría el silencio. Dijo que si la palabra de Dios fuese proclamada nuevamente, debido al ruido no la escucharíamos.

En el 2002, la compañía para la que trabajaba se volvió insolvente y no me podían pagar mi salario. Sentí en mi corazón que Dios quería que me quedara allí y así lo hice, a pesar de no tener ninguna participación accionaria como incentivo. La compañía estaba fuertemente endeudada y en medio de una enorme batalla legal entre los socios capitalistas, que tenían la mayoría accionaria, y los fundadores. La lógica indicaba abandonar este trabajo, sin embargo, a pesar de los problemas que esto le causo a mi familia, permanecí en él por nueve meses. Superada la crisis, me convertí en dueño de una importante participación accionaria en la compañía. Cuando en el 2008 dejé mi cargo en la empresa, el valor de mis acciones multiplicó por mucho la inversión de los nueves meses sin salario. Así es como Dios hace Su trabajo en nuestras vidas.

Abraham vivió hasta los ciento setenta y cinco años [Génesis 25:7]. Del hijo de Abraham y Sara, Isaac, el linaje de los patriarcas continúa con dos gemelos, Esau y Jacob, siendo Jacob el que recibe la Bendición de Isaac. De Jacob, cuyo nombre fue cambiado por Dios a Israel [Génesis 35:10], nacieron doce hijos de dos esposas. Una noche cuando Jacob regresaba a Canaán, el ángel de Dios luchó con él, y Anne

Catherine Emmerich explica que su Bendición fue removida por Dios. Veamos lo que la Biblia dice sobre esto:

"Y Jacob se quedó solo. Luego un hombre luchó con él hasta el amanecer. Este, viendo que no lo podía vencer, le dio un golpe a Jacob en la ingle, mientras luchaban, y le dislocó la cadera. Dijo el hombre: 'Suéltame, mira que ya amanece'; Jacob contestó: 'No te soltaré hasta que me hayas bendecido.' El otro preguntó: '¿Cuál es tu nombre?' Y él respondió: 'Jacob.' 'En adelante ya no te llamarás Jacob, sino Israel, o sea Fuerza de Dios, porque has luchado con Dios y con los hombres y saliste vencedor.'" [Génesis 32: 25-29]

Jacob entendió que la Bendición había sido removida de su cuerpo por el ángel de Dios, por lo que no quería dejarlo ir sin que lo bendijera. El ángel de Dios lo bendijo antes de irse, pero no le reinstauró la Bendición que contiene el Pensamiento Eterno.

Yo creo que la Bendición fue removida de Jacob porque las doce tribus de Israel ya habían sido creadas en los doce hijos de Jacob. La Bendición debía pertenecer a toda la nación de Israel y no a una sola tribu. Si la Bendición hubiese pasado al primogénito de Jacob, ¿que habría pasado con las otras once tribus? Más adelante veremos como la Bendición residirá permanentemente en el Arca de la Alianza que Moisés construirá.

Todos los descendientes de Jacob terminan en Egipto, con José en el papel protagónico de la historia bíblica. José es el hijo favorito de Jacob y la envidia de sus hermanos. Por esto, lo traicionan y lo venden como esclavo a una caravana que lo lleva a Egipto donde vive el resto de su vida.

Anne Catherine explica que, mientras José estaba en prisión en Egipto, recibió la Bendición del ángel de Dios, la misma que había sido removida de Jacob. Ella explica que la Bendición dio a Abraham, Isaac y Jacob más fuerza en el lado derecho que en el izquierdo. Por residir la Bendición en el costado derecho, había un abultamiento de ese lado, que no se notaba porque usaban ropas holgadas.

A través de su sabiduría y su habilidad para interpretar los sue-

La Misteriosa Bendición y Voluntad de Dios   33

ños, destreza atribuida a la Bendición, José se ganó el favor del Faraón y se convirtió en una persona importante en Egipto. Anne Catherine explica que en Egipto el nombre de José era Osiris, igual al nombre de una de las deidades que ellos adoraban.

Con el pasar de los años, los israelitas, como se llamaban ahora, prosperaron y se multiplicaron, volviéndose numerosos y poderosos. Al Faraón de Egipto, le preocupó que los israelitas se estuvieran convirtiendo en una amenaza para el reino y los puso a realizar trabajos forzados. Esto no detuvo su crecimiento, por lo que el Faraón ordenó la muerte de todos los varones israelitas recién nacidos.

Así comienza la historia de Moisés. Moisés era el hijo de un hombre que descendía de Levi, uno de los hijos de Jacob. Poco después de su nacimiento, su madre lo puso en una cesta de papiro entre los juncos a la orilla del río. Cuando la hija del Faraón bajó a bañarse en el río, vio la cesta entre los juncos. Sintió lástima por la criatura y decidió quedársela, nombrándola Moisés.

Moisés creció bajo la protección de la hija del Faraón. Ya hecho hombre [Éxodo 2:11] defendió a un israelita que estaba siendo azotado por un egipcio, matando al egipcio. El Faraón supo de esto y ordenó la muerte de Moisés, pero éste pudo huir antes que lo atraparan.

Moisés huyó de Egipto hacia territorio Medianita donde se estableció, se casó y tuvo un hijo. Durante este periodo los israelitas continuaron en la esclavitud, pidiendo la ayuda de Dios. Dios recordó su alianza con Abraham, Isaac y Jacob y escuchó el clamor de los israelitas y se apareció a Moisés en el famoso arbusto en llamas.

Durante su encuentro con Dios, Moisés recibe las instrucciones de su misión para liberar a los israelitas y sacarlos de Egipto hacia la Tierra Prometida. La conversación entre Dios y Moisés en Éxodo es bastante larga. Moisés se muestra primero incrédulo y luego trata sin éxito de zafarse de este trabajo. Pero Dios le da suficientes pruebas de sus poderes y termina convenciendo a Moisés de aceptar la misión. Dios se asegura que Moisés se lleve un bastón, un palo de madera largo, con el cual realizará los milagros que maravillarían a todos en Egipto.

Moisés, *obedientemente*, regresa a Egipto con su hermano Aarón, su esposa e hijo y habla a los israelitas sobre lo que Dios le dijo. También habla con el Faraón, pero éste en vez de escuchar, hace que los israelitas trabajen más duro. Moisés comienza a realizar los milagros que anunciara Dios y transforma su bastón en una serpiente, luego lo utiliza para convertir el agua del río en sangre, haciendo que mueran los peces y que el río apeste.

Ésta fue la primera de las diez plagas que Moisés, bajo el mando de Dios, desató sobre Egipto. Luego vinieron los sapos que invadieron la tierra, los zancudos, los tábanos, la muerte de todo el ganado perteneciente a los egipcios, los furúnculos, el granizo, las langostas, los tres días de oscuridad sobre todo Egipto menos donde vivían los israelitas, y la décima, la muerte de todos los primogénitos egipcios.

Finalmente, después de perder a su primogénito, el Faraón deja que Moisés y los israelitas abandonen Egipto. Esto sucede alrededor de 1250 A.C. Cerca de seiscientos mil israelitas abandonaron Egipto [Éxodo 12:37], después de permanecer allí por cuatrocientos treinta años [Éxodo 12:40].

Moisés y los israelitas cruzan el Mar Rojo en aquel famoso evento de la separación de las aguas. Una vez más, Moisés utiliza su bastón para separar las aguas y cruzar a salvo con los seiscientos mil israelitas. El Faraón, que había cambiado de parecer, manda a los soldados egipcios en su persecución y, al intentar cruzar el mar, las aguas se cierran sobre ellos.

Anne Catherine Emmerich explica que Moisés se llevó consigo los restos de José, el hijo de Jacob, mencionado anteriormente que recibió la Bendición e interpretaba sueños para el Faraón. Estos huesos eran una importante reliquia para los israelitas y los guardaban con mucho cuidado, sin saber que la Bendición aún estaba en ellos.

Una vez que los israelitas cruzaron el Mar Rojo, una de las primeras cosas que Dios ordenó a Moisés fue la construcción del Arca de la Alianza y el resguardo en ella de los restos de José, que aún contenían la Bendición. En el próximo capítulo conoceremos más sobre Arca de la Alianza y su paradero.

Existen algunas teorías que Moisés no era en realidad de origen judío, sino que era egipcio relacionado con el linaje del Faraón Tutmosis. Los eruditos judíos rechazan fuertemente esta teoría porque Moisés es

La Misteriosa Bendición y Voluntad de Dios

uno de los principales patriarcas de la fe judía. La Biblia apoya la teoría hebrea, mencionando que él descendía de la tribu de Levi, uno de los hijos de Jacob.

De cualquier manera, el papel de Moisés en la historia de los israelitas es la de salvarlos de la esclavitud en Egipto y gobernarlos hasta que lleguen a la Tierra Prometida. Debería construir el Arca de la Alianza y colocar en ella la Bendición que estaba en los huesos de José, para que ésta le perteneciera a todo el pueblo de Israel. El linaje del cual María se origina no se cruza con el de Moisés, de hecho, en la Biblia no hay más mención al hijo de Moisés

Hemos realizado este largo periplo por la historia para establecer que desde el principio del tiempo, Dios creó a María en Su infinita sabiduría; como hubo un linaje de personas escogidas por Dios, con los cuales El se comunicaba, y de los cuales eventualmente María nacería. Descubrimos la Bendición, inicialmente otorgada a Adán, pero removida a causa de la Caída y como fue reinstaurada en Abraham. Como, contenida en esta Bendición, estaba la futura salvación de la humanidad; la Palabra de Dios o el Pensamiento Eterno de Dios: María y Jesús.

Capítulo 3

El Arca de la Alianza

El Arca de la Alianza, también llamada el Arca del Testamento, es probablemente uno de los artefactos históricos más intrigantes, y se encuentra, junto con el Santo Grial, entre las reliquias de mayor poder, misterio e importancia histórica. Descubrir que el Arca de la Alianza fue construida para preservar la Bendición, que contenía la Palabra de Dios, me produjo una gran satisfacción. Ahora tenía más sentido para mí la existencia del Arca, que serviría para preservar este tesoro de la Bendición y pasarlo de generación en generación. Una importante pieza de mi rompecabezas había sido encontrada.

La Bendición, que había estado con Abraham, Isaac, Jacob y José, terminó resguardada en el Arca de la Alianza, hasta que llegó a Joaquín, el padre de María. Una vez que Joaquín recibió la Bendición, como veremos en los escritos de Anne Catherine Emmerich, Dios manifestó Su Segundo Pensamiento Eterno a través de la concepción milagrosa de María. Ella se convierte en la Nueva Arca de la Alianza, porque en Su vientre residiría La Palabra encarnada, el Primer Pensamiento Eterno, el Hijo de Dios.

El Arca de la Alianza era una caja o cofre construido por los israelitas siguiendo estrictas instrucciones de Dios. La construyeron en la época de Moisés, mientras estaban en el Monte Sinaí, después de escapar de Egipto. En el Arca deberían residir las tablas de la ley o los Diez Mandamientos que Dios le entregó a Moisés. Pero su contenido más importante era la Bendición que contenía La Palabra o los Pensamientos Eternos de Dios.

"Moisés bajó del monte y contó al pueblo todas estas palabras de Yavé y todas sus leyes. Todos juntos contestaron:'Nosotros cumpliremos con todo lo que ha dicho Yavé.' Y Moisés escribió todas las palabras de Yavé. Al despuntar el día, Moisés levantó un altar al pie del monte y, al lado del altar, doce piedras por las doce tribus de Israel." [Éxodo 24: 3-4]

Moisés mandó a algunas personas para que quemaran ofrendas y sacrificaran novillos a Dios. Luego tomó el Libro de la Alianza, que había terminado de escribir, y lo leyó al pueblo, que respondió, '*Obedeceremos* y haremos todo lo que pide Yavé.' [Éxodo 24:7] Moisés tomó la sangre de la alianza y la derramó sobre su pueblo diciendo, 'Esta es la sangre de la alianza que Yavé ha hecho con ustedes, conforme a todos estos compromisos.' [Éxodo 24:8] Durante el tiempo que Moisés estuvo en el Monte Sinaí, Dios le dio instrucciones detalladas de como construir el Arca que guardaría el "Testamento", o las tablas de la ley.

"Harán un Arca de madera de acacia, que tenga de longitud dos codos y medio, codo y medio de anchura y otro codo y medio de altura. La revestirás por dentro y por fuera con planchas de oro puro, y encima labrarás una cornisa de oro alrededor. Le pondrás cuatro anillos, uno en cada ángulo del Arca, dos a un lado y dos al otro. Harás también unas varas de madera de acacia y las cubrirás igualmente con láminas de oro. Las pasarás por los anillos que están a los lados del Arca y servirán para llevarla. Estas varas estarán siempre dentro de los anillos y no se sacarán de ellos. En el Arca pondrás el Testamento que yo te daré." [Éxodo 25:10-16]

El Arca de la Alianza medía aproximadamente ciento veintidós centímetros de largo, setenta y seis centímetros de ancho y setenta y seis

El Arca de la Alianza 39

centímetros de alto, hecha de madera cubierta de oro. La tapa del Arca contenía el "Lugar del Perdón" y cada lado había querubines, o ángeles guardianes con sus alas abiertas.

"Le harás una cubierta, el 'Lugar del Perdón', de oro puro, de dos codos y medio de largo y codo y medio de ancho. Asimismo harás dos querubines de oro macizo, labrados a martillo y los pondrás en las extremidades del Lugar del Perdón, uno a cada lado. Los harás formando un solo cuerpo con él, a sus dos lados. Ambos querubines, uno frente al otro, cubrirán el Lugar del Perdón sobre el Arca, y pondrás dentro de ella el Testimonio que yo te daré. Allí me encontraré contigo y te hablaré desde el Lugar del Perdón. Desde en medio de los dos querubines puestos sobre el Arca del Testimonio te daré mis órdenes referentes a los hijos de Israel." [Éxodo 25: 17-22]

Dios también le dio a Moisés instrucciones detalladas sobre como construir el lugar donde guardar el Arca. En Éxodo se explica en detalle como debía ser construida la "Morada" o santuario, incluyendo el marco, las dimensiones y detalles de las pieles de carnero y linos utilizados para cubrirla. Los israelitas tendrían que construir un altar, una mesa y lámparas que serían colocadas en el interior y la Tienda de las Citas, que sería un espacio dentro de la Morada rodeado por cortinas, donde se colocaría el Arca. En este lugar, también llamado el "Lugar Santísimo" era donde estaba el Arca y donde Dios aparecía regularmente y hablaba con Moisés.

El hermano de Moisés, Aarón y los hijos de Aarón fueron escogidos por Dios para ser los sacerdotes a Su servicio [Éxodo 28:1] y servir en el santuario recién creado. Una larga ceremonia, con ofrendas de animales a Dios, se lleva a cabo para consagrar a los sacerdotes y al altar. Dios instaura una ofrenda diaria en el altar, dos corderos de un año han de ser ofrecidos como sacrificio perpetuo.

"Allí me encontraré con los hijos de Israel; este lugar será santificado con la presencia de mi gloria. Santificaré igualmente la Tienda de las Citas junto con el altar y a Aarón con sus hijos para que sean sacerdotes míos. Habitaré en medio de los hijos de Israel y seré su Dios. Sabrán que soy Yavé, Dios de ellos, que los saqué de la tierra de Egipto para morar entre ellos. Yo, Yavé, seré su Dios." [Éxodo 29:43-46]

Moisés recibió todas estas instrucciones durante los cuarenta días que permaneció en el Monte Sinaí. Mientras tanto, su pueblo ansioso pues no había regresado, *desobedeció* a Dios. Le dieron la espalda, adorando a un becerro de oro que habían fabricado. La predisposición del hombre a pecar y a ir en contra de Dios continúa desde los tiempos de Adán y Eva.

"Después de haber enseñado a Moisés todas estas cosas en el Monte Sinaí, Yavé dio a Moisés las dos tablas de piedra, que contenían las Declaraciones de Dios, escritas por el dedo de Yavé." [Éxodo 31: 18]

"Entonces Yavé le dijo a Moisés en el cerro: 'Vuelve y baja, porque tu pueblo ha pecado. Bien pronto se han apartado del camino que yo les había indicado. Se han hecho una imagen de becerro de metal fundido y se han postrado ante ella. Le han ofrecido sacrificio y han dicho: 'Israel, aquí están tus dioses, que te han sacado de Egipto.'" [Éxodo 32: 7-8]

Moisés bajó del Monte Sinaí con las dos tablas de las Declaraciones que le había dado Dios, y encontró a su pueblo adorando al becerro de oro. Llenó de rabia, arrojó las tablas que se hicieron pedazos en el suelo. Luego tomó algunas medidas correctivas para a encauzar nuevamente a su gente.

Es increíble que, a pesar de todos los milagros realizados por Dios, incluyendo las diez plagas de Egipto, la magnífica separación de las aguas y la manifestación de Dios en el Monte Sinaí, la gente continuaba obstinándose en *desobedecer* a Dios.

El Arca de la Alianza 41

Luego de pensar que hubiese hecho yo en esas circunstancias, llegué a la conclusión que probablemente habría actuado de la misma manera. Supongamos que la adoración al becerro de oro es equivalente a nuestra adoración por el dólar verde, ¿acaso nosotros no dejamos todo de lado por nuestro deseo por el dinero? Y ¿que me dice de los deseos por el alcohol o las drogas? Estas las llamamos adicciones. Yo creo que nosotros los humanos tenemos una adicción por el dinero. Lastimaremos a nuestros amigos y a nuestra familia en persecución del dinero, tal y como lo hacen los alcohólicos. Y ¿que hay del poder? La persecución del poder también es una adicción, lo sé por experiencia propia.

Cuando me gradué de la Universidad de Ingeniero Químico, era solo un joven sin mayores preocupaciones. Fui el producto de una 'familia perfectamente funcional'. Mis padres se llevaban bien y nunca los vi pelear. Las relaciones con mi hermana mayor y mi hermano menor fueron siempre muy armoniosas. Me sentía bendecido por mis muchos talentos. En la escuela me era fácil obtener buenas calificaciones sin mucho esfuerzo. Era bueno en los deportes y tenía muchos amigos. En realidad no tenía nada de que quejarme, excepto, talvez, que no podía comprar todo lo que quería.

Pero cuando abordé el tren corporativo de una empresa multinacional, las cosas empezaron a cambiar. Empecé a adoptar la cultura corporativa de mi empleador, una de las treinta empresas más grandes en los EE.UU. Estaba cambiando, lento pero seguro. Para ser exitoso en esta compañía se requería de cierto comportamiento y yo lo aprendí muy bien. Demás está decir que, para subir en la escala corporativa, había que ser talentoso, y yo tenía lo que se necesitaba.

Después de muchos años de arduo trabajo y largas horas, finalmente estaba en una posición de poder en la compañía. Era uno de los principales ejecutivos en una de las mayores sucursales en América Latina. Tenía uno de esos lindos títulos en mi tarjeta de presentación y firmaba muchos de los cheques que mantenían funcionando a la empresa. Me sentía muy bien y tenía mucha gente reportándome. Por primera vez, empecé a notar que las personas se estaban comportando de manera diferente conmigo, comencé a recibir más invitaciones y favores personales. Por primera vez estaba probando la droga del poder y me gustaba. A medida que el tiempo transcurría, mientras más tenía esta droga de poder, más la quería.

Y ustedes se preguntarán ¿qué hay de malo en esto? Lo que estaba mal para mi era que me estaba convirtiendo en otra persona. Estaba perdiendo mi propia identidad, ya ni sabía quien era. El poder conllevó a otros comportamientos de los cuales no me siento orgulloso, como por ejemplo, la arrogancia. En verdad empecé a creer que yo era algo especial, que era superior a la mayoría de los seres humanos que me rodeaban. Estaba seguro de que podía enfrentar cualquier reto empresarial y que si ponía de mi parte, lo conquistaría.

En aquella época, el trabajo, el poder y el dinero reemplazaron a quien yo era en realidad. Como lo expliqué anteriormente, yo no practicaba ninguna fe en particular. Sin embargo, mis padres si me enseñaron buenos valores. Antes de entrar al mundo corporativo yo creía fuertemente en Dios y tenía la mente abierta para los milagros de Dios en mi vida. Me sentía muy agradecido por todos los talentos que El me había dado. Ahora que estaba en el mundo corporativo, mi ego había reemplazado a Dios, me había olvidado de Dios, ya no Lo necesitaba.

¿Acaso esto no es parecido a lo que le sucedió a los primeros israelitas? Su adicción puede no ser el poder, sino tal vez la vanidad o la búsqueda de la fama, querer ser una estrella o un millonario. De cierta forma, todos nosotros estamos prestos a abandonar a nuestro Dios por algún tipo de placer o alguna otra cosa que alimente nuestro ego. Verán, el ego desea eliminar a Dios de su vida. Entonces, no somos ni tan diferentes, ni las cosas han cambiado tanto desde los tiempos de Moisés.

Regresando a la historia de Moisés: en su próximo encuentro con Dios, recibió instrucciones de mudarse a una nueva tierra, la Tierra Prometida, que para aquel tiempo estaba habitada por los cananeos, los amoritas, los hititas, los perizitas, los hivitas y los jebusitas. Dios le explica a Moisés que El protegerá a los israelitas en su incursión en estas tierras. Dios también le da instrucciones de que talle dos pedazos

El Arca de la Alianza

de piedra y ascienda nuevamente al Monte Sinaí para recrear las tablas de las Declaraciones que Moisés había partido. Moisés realiza lo ordenado y le lleva las piedras a Dios, quien las talla de nuevo y se las regresa a Moisés.

Los israelitas se tardaron un año en construir todas las estructuras y elementos de la Morada del Arca. Entonces Moisés, siguiendo las instrucciones de Dios, colocó las dos tablas de las Declaraciones en el Arca. Inmediatamente después, una nube cubrió la Tienda de las Citas dentro de la Morada.

La nube cubrió entonces la Tienda de las Citas y la Gloria de Yavé llenó la Morada. Moisés no podía entrar en la Tienda de las Citas, pues la nube moraba sobre ella y la Gloria de Yavé llenada la Morada. [Éxodo 40:34—38]

Una vez más, Dios hizo una alianza con los israelitas de permanecer a su lado; alianza que Él ya había hecho con los ancestros de Moisés, Noé, Abraham, Isaac y Jacob. A pesar de todas las infidelidades del hombre, Dios continuaba apoyando a un grupo específico de personas, no a toda la gente, solamente a los israelitas, aquellos en el linaje de los patriarcas.

Dios hizo esto porque estaba preparando el camino para María. Él seleccionó a un grupo de personas que Él podía preparar y educar sin quitarles su libre albedrío. Si estas personas seguían las instrucciones de Dios y eran obedientes, podrían llevar vidas más santas.

Les hizo construir el Arca de la Alianza para cobijar y proteger la Bendición y todos los objetos en el santuario y para que pudieran llevarlos en su travesía. La función de los anillos en el Arca y otros similares en los muebles y el altar, era la de facilitar el trasporte del santuario y todos sus utensilios mientras los israelitas viajaban hacia la Tierra Prometida.

Anne Catherine Emmerich explica[1] que en el Arca también se colocaron reliquias de las familias de Jacob y José, el cáliz y la copa de

---

1 [*The Lowly*, I, Página 110]

los patriarcas que pertenecía a Abraham, y luego el cetro, o bastón de Aarón, el hermano de Moisés y el primer sacerdote. Ella explica que en el medio del Arca había una pequeña e inconspicua puerta. Cuando los sumos sacerdotes iban a profetizar, sacaban la Bendición o "Cosa Sagrada", como ella también la llama, a través de esta puertita.

> Siempre me pareció que todo en el Arca de la Alianza era sagrado, que toda nuestra salvación estaba en ella, como enrollada en una pelota, como en una semilla. La Cosa Sagrada del Arca era más misteriosa que el Sacramento Bendito. [*The Lowly*, I, 112].

La presencia de la Bendición no era conocida por todos los sacerdotes que cuidaban del Arca. De hecho, solo unos pocos elegidos y a través de revelaciones divinas, supieron lo que era y pudieron utilizar sus increíbles poderes. Esto explica porque más tarde en la historia de los israelitas, algunos sacerdotes pudieron profetizar con tanta exactitud para sus reyes.

Una vez que la Bendición fue colocada dentro del Arca de la Alianza, perteneció a todo el pueblo de Israel. Anteriormente había sido llevada por una sola persona: Abraham, Isaac, Jacob y José. Ahora le pertenecía a todos los israelitas.

Cuando Dios se presentaba en el santuario que contenía el Arca, una nube lo cubría y el fuego iluminaba el interior de la Morada. Cuando Moisés regresaba de su reunión con Dios en la Tienda de las Citas, su rostro irradiaba una luz especial. Esto era tan notorio que, para cubrir su rostro radiante, decidió empezar a utilizar un velo.

Cada vez que la nube se retiraba de la Tienda, los israelitas levantaban el campamento y continuaban con su travesía. Cuando la nube se detenía, allí ellos armaban nuevamente el campamento y lo mantenían el tiempo que la nube permaneciera sobre la Morada. Obedientemente, los israelitas armaron y levantaron campamento muchas veces durante su travesía. . [Números 9:15]

Durante el segundo año después del éxodo de Egipto, Dios asignó a los levitas la importante tarea de transportar y cuidar de la Morada y del Arca. Los levitas, como Moisés y Aarón, eran descendientes de la

El Arca de la Alianza 45

tribu de Leví. Por tanto, en los siguientes siglos, todos los sacerdotes que cuidaron del Arca eran levitas.

Aarón fue el primer sacerdote designado por Dios y fue sucedido por sus cuatro hijos. Los dos primeros murieron consumidos por el fuego al encender, frente al Arca, un sacrificio de fuego que no estaba autorizado. El transporte del Arca requería de especial cuidado, ya que nadie no autorizado podía verla o tocarla, so pena de muerte. Además de Moisés, solamente Aarón y sus hijos podían acercarse al Arca.

Debe haber sido un trabajo laborioso armar y desarmar la Morada cada vez que viajaban, por eso le encomendaron esta tarea a la toda la tribu de Leví. Algunas veces acampaban por unos pocos días, otras por un mes, dependiendo de la voluntad de Dios. Imagínense haciendo esto por cuarenta años, que fue el tiempo que los israelitas marcharon por el desierto.

Al final de los cuarenta años, Moisés había envejecido y debía escoger un sucesor. El escogió a Josué, hijo de Nun, que lo había asistido en el interior de la Tienda y lo había servido desde que era un niño [Números 11:28]. Josué tenía el enorme reto de asumir el mando después de Moisés; el hombre que había ostentado el privilegio de hablar directamente con Dios durante cuarenta años, el hombre que debía asegurarse de que el comportamiento de los israelitas estuviese de acuerdo con las leyes de Dios.

Los ritos y costumbres decretados por Dios y establecidos por Moisés tenían la finalidad de mantener a los israelitas cerca de Dios y de ayudarlos a desarrollarse en santidad. En el Libro del Levítico en el Antiguo Testamento se encuentran detallados estos rituales y la Ley de la Santidad. Al leer el Levítico se hace evidente que muchas de las leyes dadas por Dios a los israelitas pretendían mantenerlos saludables a través de la buena higiene y la conducta apropiada. Sin embargo, el principio principal era asegurarse de que los israelitas solamente sirvieran a Dios.

Después de leer todas estas leyes, mi conclusión es que en aquella época el estilo de vida de las personas era bastante poco saludable e inapropiado para el desarrollo de una raza humana más pura. Desde hábitos alimentarios deficientes, pasando por contacto sexual con animales, hasta el sacrificio humano, todo era lastimosamente impuro e indignante. Sin nos colocamos en este contexto, comenzamos a entender los enormes esfuerzos de Dios para corregir estos estilos de vida y que la humanidad reconociera su valor superior.

Alrededor de 1210 A. C., Josué dirigió a los israelitas a través del Jordán y comenzó a conquistar Canaán, protegiendo celosamente el Arca y la Morada, manteniendo las promesas que le hiciera Moisés a Dios. El Arca fue utilizada para proteger y defender a los israelitas de sus enemigos y para ayudarlos a conquistar los territorios ocupados. Al parecer, el Arca que contenía la Bendición, tenía el poder para amplificar las intenciones del sacerdote que invocaba sus poderes. Por el poder del Arca las aguas del río Jordán fueron separadas y la murallas de Jericó destruidas.

Un importante aspecto para los israelitas que ocupaban los nuevos territorios de la Tierra Prometida tenía que ver con la preservación de sus nuevas prácticas religiosas. Dios había dado instrucciones a Moisés y Josué que no debían mezclarse con los pueblos de los territorios conquistados, principalmente porque sus prácticas religiosas no acordes con la de los israelitas, debilitarían sus ritos de adoración a Dios.

> Yavé dijo: "Voy a contraer un compromiso delante de todo este pueblo confirmándolo con prodigios como no los hubo jamás en ningún país y para ningún pueblo. Y todo este pueblo que te rodea verá lo que puede Yavé, porque son cosas asombrosas las que voy a hacer contigo. Mira bien lo que te ordeno en este día; delante de ti arrojaré al cananeo, al heteo, al fereceo, al jeveo y al jebuseo. Cuídate, pues, de hacer amistad con el habitante del país en que vas a entrar, no sea que llegue a ser una trampa para ti. Más bien destruye sus altares, quiebra sus estatuas y corta sus troncos sagrados. No te arrodillarás ante otro dios, pues Yavé lleva por nombre Celoso: él es un Dios celoso. No te comprometerás con la gente de aquellos países, que se prostituyen tras sus dioses y le ofrecen sacrificios. Pues, por el contrario, te convidarán a comer de sus cosas sacrificadas, y después

El Arca de la Alianza

casarás a tus hijos con las hijas de ellos y, puesto que se prostituyen ellas por sus dioses, arrastrarán a tus hijos a prostituirse también ellos con sus dioses." [Éxodo 34:10—16]

Durante cuarenta años, Dios había mantenido a su pueblo elegido con la rienda bien corta para evitar que se descarrilaran, como lo había hecho el resto de la humanidad durante siglos. Su pueblo ahora tenía que ser protegido para sobrevivir, de los contrario, simplemente desaparecerían al mezclase con el resto de la humanidad pecadora. Dios señala como la gente de Canaán sacrificaba a sus propios hijos a sus dioses. Dios expresa lo siguiente al referirse al culto cananita:

"Tampoco honrarás a Yavé, tu Dios, con prácticas religiosas semejantes a las de esas naciones, ya que para honrar a sus dioses hicieron todo lo que Yavé aborrece, e incluso quemaron a sus hijos e hijas en honor a ellos." [Deuteronomio 12: 31]

Esta protección tenía como finalidad asegurar la sobrevivencia del pueblo elegido que daría origen a María, la madre del Salvador, Jesús, el Hijo de Dios. Esto no sucede porque los israelitas hayan ganado algún favor de Dios. Yavé Dios dice lo siguiente:

"No por tus méritos ni porque seas bueno conquistarás su tierra, sino que Yavé se la quita porque ellos han obrado mal, y también para cumplir lo que prometió con juramento a tus padres Abraham, Isaac y Jacob. Sepas, pues, que no por tus méritos te ha dado Yavé tu herencia, esta tierra excelente, ya que tu eres un pueblo rebelde." [Deuteronomio 9:5—6]

Siempre tuve problemas con el Dios castigador del Antiguo Testamento, ciertamente, no es el Dios cariñoso que he llegado a conocer. Muchas personas sienten de la misma manera y prefieren obviar del todo el Antiguo Testamento. Sin embargo, si lo lee secuencialmente, como historia y se coloca en el contexto de la época, podrá entender lo que yo he llegado a comprender al preparar y escribir este libro. En realidad no fue Dios el malvado, sino que era la gente sobre la Tierra la que era mala.

Después de ver lo que le costó a Dios poner a los israelitas en el camino correcto, puedo entender por qué Dios no intentó enderezar a toda la humanidad al mismo tiempo. Ahora comprendo por qué Dios permitió y ayudó a los israelitas en la destrucción de ciudades completas y la aniquilación de sus habitantes. Puedo entender mejor que los anteriores esfuerzos de Dios, destruyendo todo y comenzando de nuevo, no serían exitosos; porque el proceso exitoso debería ser un proceso gradual de purificación.

El Arca del Testamento, que después se llamó el Arca de la Alianza, por la alianza que Dios había hecho con los israelitas, continuo siendo llevada por los israelitas y cuidada por los sumos sacerdotes. Después de la muerte de Josué y de esa generación, los israelitas, que ya estaban en la Tierra Prometida, se olvidaron de la alianza y de todas las cosas que Dios había hecho por sus ancestros. Aunque parezca increíble, abandonaron a Dios y comenzaron a adorar a Baal y otros dioses. Una vez más los israelitas habían *desobedecido* a Dios.

Después de Josué, los israelitas nombraron jueces para gobernarlos y continuaron alejándose del camino de Dios, y esto hizo que su conquista de la Tierra Prometida fuera lenta e inefectiva. Los israelitas le atribuyeron su fracaso al hecho de que su nación, a diferencia de las demás, no tenía un rey que la gobernara. Por ello, Samuel, el último juez, ungió a Saúl como el primer rey de los israelitas.

Si los israelitas hubiesen *obedecido* a Dios, su conquista de la Tierra Prometida hubiese sido más fácil. Dios no estaba feliz con que los israelitas prefirieran ser gobernados por reyes y no por Él. Aun así, les dio otra oportunidad y apoyó a los nuevos reyes, siempre y cuando mostraran su *obediencia* a Él.

El primero fue Saúl, que reinó ente 1030 y 1010 A.C.; le siguió David, que reinó entre 1010 y 970 A.C., el mismo que venció a Goliat cuando era un niño. David fue un gran rey guerrero que fue capaz de

El Arca de la Alianza 49

unir las tribus de Israel. Alrededor de 1000 A.C., le quitó Jerusalén a los jebusitas, la convirtió en la capital de los israelitas y trajo el Arca a Jerusalén.

El grande y sabio rey Salomón siguió a David. Cuando Salomón fue ungido rey, rogó a Dios para que pudiera gobernar según Su voluntad. Dios estaba complacido de que Salomón no estuviese pidiendo algo para sí mismo y lo recompensó abundantemente con el don de la sabiduría. Este don le permitió a Salomón convertirse en el más poderoso y rico de todos los reyes de Israel, admirado por todos los reyes y reinas de los alrededores.

Es muy importante el hecho de que Salomón, al ofrecer su *obediencia* a la voluntad de Dios, fuese tan ampliamente recompensado y recibiera tantas bendiciones. Reinó en paz, y él y su reino se hicieron ricos y poderosos, la envidia de los reinos vecinos. Cuando seguimos a Dios, la abundancia de Sus regalos y bendiciones no tiene límites. Todos deberíamos considerar rogarle a Dios para tener la sabiduría para discernir su voluntad.

Salomón construyó el primer Templo de Jerusalén entre 967 y 925 A.C. Era un Templo magnífico y lujoso, lleno de mobiliario, reliquias y decoraciones de oro; y el Arca, con todos sus objetos sagrados, se encontraba por supuesto allí. El Rey Salomón gobernó sabiamente por un largo tiempo, pero en algún momento, imbuido por el poder, el ego y su insaciable deseo por las mujeres (tenía alrededor de setecientas esposas), perdió el norte y comenzó a adorar otros dioses. Cayó en la trampa de casarse fuera de la fe israelita y entregarse a las prácticas religiosas de sus esposas. Esta fue la ruina del Israel unido.

Al final del reinado del Rey Salomón, los israelitas habían perdido nuevamente la dirección y cayeron en la confusión. Se dividieron en Judea e Israel. Los egipcios invadieron Jerusalén en 914 A.C. Luego los asirios invadieron Israel entre 722 y 721 A.C. y sus habitantes fueron deportados perdiéndose las diez tribus del norte de Israel. Solo quedaron las tribus de Judá y Benjamín. Fue un período de mucho sufrimiento para los israelitas.

Durante este tiempo algunos profetas comenzaron a anunciar la venida de María, al parecer, la humanidad había progresado un poco.

Al final de este período se estableció la comunidad esenia, un pequeño grupo de personas que estaban alcanzando altos niveles de espiritualidad desconocidos en el pasado. Estas personas decidieron aislarse de lo que estaba pasando en el resto de Israel y Judea. No todas las obras de Dios se habían perdido, gracias a los patriarcas, los profetas y los israelitas de buen corazón.

> El Señor, pues, les dará esta señal: La Virgen está embarazada, y da a luz un hijo varón a quien le pone el nombre de Emanuel. [Isaías 7:14]

El Rey David era hijo de un hombre llamado Jesé y María era descendiente directa de David. Esta cita del profeta Isaías (740 A.C.) hace referencia directa al árbol genealógico de María y Jesús.

> Una rama saldrá del tronco de Jesé, un brote surgirá de sus raíces. Sobre el reposará el Alma de Yavé, alma de sabiduría e inteligencia, alma de prudencia y valentía, alma para conocer a Yavé, y para respetarlo, y para gobernar conforme a sus preceptos. [Isaías 11:1—2]

Jeremías, como Isaías, también profetiza la venida de María:

> Vuelve, Virgen de Israel, vuelve a estas ciudades que son tuyas. [Jeremías 31:22]

Durante el tiempo de Jeremías el profeta, alrededor de 622 A.C., se encuentra en la Biblia la última referencia al Arca. En este tiempo, el Arca con la Bendición aún se encontraba en el Templo de Jerusalén que el Rey Salomón había construido. La Biblia explica que Jeremías se llevó el Arca y la ocultó para protegerla de la invasión babilonia que se acercaba.

Se dice también en estos escritos del pasado que el profeta

El Arca de la Alianza 51

Jeremías, obedeciendo a órdenes del Cielo, se hizo acompañar por el Arca de la Alianza con su Tabernáculo, y subió hasta el cerro desde donde Moisés había contemplado la tierra prometida. Allí encontró Jeremías una caverna; metió en ella el Arca, el toldo que la cubría y el altar del incienso; y luego, tapó la entrada con piedras. [2 Macabeos 2:4—5]

En 597 A. C., los babilonios invadieron Jerusalén, el Templó fue asaltado y sus tesoros llevados a Babilonia. El Arca, sin embargo, ya no estaba en el Templo, ésta permanecería perdida y olvidada. Volvemos a escuchar de ella nuevamente cuando María es avisada de que tendrá al Hijo de Dios. María se convertiría así en la nueva Arca de la Alianza, ya que Ella llevaría en su vientre la Palabra.

En sus visiones, Anne Catherine Emmerich, vio que ocurrieron cosas similares. Ella narra que cuando el Arca cayó en manos enemigas, la Bendición fue removida por los sumo sacerdotes.[2] Antes de la invasión babilonia, muchos siglos antes de Samuel, el Arca había sido capturada por los filisteos, quienes la devolvieron debido a todos los desastres que les causó. [1 Samuel 5:1].

Ella cuenta que cuando Jeremías escondió el Arca junto con otros objetos preciosos, la Bendición ya no se encontraba en ella. La Bendición fue preservada por el profeta Malaquías, y entregada a los esenios en el Monte Sinaí.[3]

Después del saqueo del Templo de Jerusalén por los babilonios y las subsecuentes destrucciones y reconstrucciones que siguieron, el Templo fue nuevamente reconstruido en el tiempo del rey romano Herodes El Grande (74—4 A. C.), Rey de Judea. En este Templo fue colocada una segunda Arca de la Alianza restaurada, en la cual un sacerdote esenio colocó la Bendición. El Arca original, la ancestral construida por Moisés y escondida por Jeremías, nunca fue descubierta.

---

2 *The Lowly*, I, página 114

3 *The Lowly*, I, página 116

"Este lugar quedará secreto hasta que Dios tenga compasión de su pueblo disperso y lo reúna." [2 Macabeos 2:7]

A pesar de muchos esfuerzos arqueológicos, el Arca de la Alianza original no ha sido descubierta, lo cual es un testimonio a la predicción de Jeremías. Al parecer, permanecerá oculta hasta que Dios decida "reunir a Su pueblo". Yo pienso que una vez que María se convirtió en la Nueva Arca de la Alianza, el Arca antigua ya no era más relevante. Para mí, el misterio del Arca de la Alianza ha sido resuelto. No solo era una caja pesada que contenía las tablas de la ley y las reliquias de los patriarcas, sino que además contenía la Bendición que traería a María y la futura salvación de la humanidad. Aún cuando los israelitas no sabían que era lo que estaban protegiendo en el Arca, sabían que tenía un valor espiritual y la protegieron por siglos.

Capítulo 4

LOS ESENIOS Y MARÍA

Antes que los babilonios invadieran Jerusalén en el año 597 A.C., el profeta Jeremías escondió el Arca de la Alianza y algunos de sus objetos preciosos y, hasta el presente, no ha sido encontrada. Sin embargo, la Bendición ya había sido removida del Arca, pasada al profeta Malaquías y entregada luego a los esenios. En este capítulo trataremos de seguirle la pista y ver de qué manera se relaciona el Arca con María.

Los esenios eran varios grupos religiosos, separados pero relacionados, que compartían creencias místicas y mesiánicas similares. Florecieron desde el siglo segundo A.C. hasta el primer siglo D.C. En 1947, los esenios se hicieron famosos debido al descubrimiento en Qumrán, de la extensa biblioteca religiosa que tenían para sus estudios, conocidos como los Manuscritos o Rollos del Mar Muerto. Los esenios desaparecieron hacia el final del primer siglo D.C., como resultado de las destructivas campañas romanas. Al parecer, decidieron enterrar los manuscritos cuando supieron que su destrucción estaba cerca.

Ellos preservaron múltiples copias del Antiguo Testamento de la Sagrada Biblia que datan del 300 A.C., escritas en el hebreo original.

Estas copias confirmaron la exactitud de la Biblia que ha sido transmitida independientemente por más de dos mil años, había ligeras diferencias de palabras más no de significado. Esta biblioteca también incluía diversos textos religiosos que permitieron obtener información histórica de varios movimientos y eventos sociales y religiosos de la región.

Otra fuente de información histórica muy importante sobre la vida y creencias de los esenios viene del historiador judío del siglo primero, Flavio Josefo, y de Philo, un filósofo judío que vivió entre 20 A.C. y 50 D.C. En el trabajo de Josefo, titulado *La Guerra Judía*, escrito alrededor de 73 al 75 D.C., y *Antigüedades de los Judíos*, terminado unos veinte años después, se descubren conocimientos de primera mano sobre los esenios. El coloca a los esenios como una de las tres principales sectas en la Filosofía Judía, junto con los fariseos y los saduceos.[1]

Según Josefo, Monte Carmelo había sido un asentamiento de los esenios, que vinieron de un lugar en Galilea llamado Nazaret, por lo que a veces eran llamados nazarenos.[2] Sabemos de la vida de María y Jesús que ambos vivieron en Nazaret y que a Jesús también lo llamaron Nazareno. El Monte Carmelo, la montaña sagrada de Canaán, puede verse desde Nazaret y el conocido profeta Elías, en el siglo nueve A.C., también moró en él.

Los esenios se caracterizaron por su gran devoción a Dios y por su estilo de vida frugal. Eran muy criticados por los otros dos grupos de israelitas, los fariseos y los saduceos, por que consideraban sus estilos de vida extremos. Según los Rollos del Mar Muerto, la escuela comunitaria de los esenios se llamaba "Yadah" que significa "Unidad con Dios", con la finalidad de diferenciarse de los demás judíos que eran llamados "Los Quebrantadores de la Alianza".[3]

Los relatos de Josefo indican que algunos esenios llevaban una vida comunal pero estrictamente célibe, mientras otros se casaban.

---

1 Essenes. En Wikipedia. Extraído Abril 15, 2008, de http//en.wikipedia.org/wiki/Essenes

2 Id.

3 Id.

Los Esenios y María

Por supuesto que esto tenía que ser así, de lo contrario, los esenios no hubiesen sobrevivido como grupo. Según Josefo, sus costumbres y ritos incluían la propiedad colectiva, elegir y seguir a un líder y tenían prohibido hacer juramentos y sacrificar animales.[4] Ellos controlaban su mal carácter y servían de canales para la paz, llevaban armas sólo como protección contra los ladrones, no tenían esclavos, más bien se servían unos a otros, y, como resultado de la propiedad colectiva, no se involucraban en el comercio. Estaban dedicados a practicar la devoción a Dios y la rectitud hacia la humanidad; a mantener un estilo de vida puro, y abstenerse de actividades criminales e inmorales; a transmitir sus reglas impolutas y para preservar los libros de los esenios. Su teología incluía la creencia en la inmortalidad del alma y, que después de la muerte, la recibirían de vuelta.[5]

En 1947, cuando fueron descubiertos los Rollos del Mar Muerto, una enorme cantidad de información nueva sobre los esenios fue revelada, y hasta ahora no ha sido completamente traducida ni comprendida en su totalidad. Han sido traducidos muchos textos antiguos que confirman los libros bíblicos del Antiguo Testamento, así como diversos otros que no se asemejan a los libros bíblicos del Nuevo Testamento. Estos son llamados los Evangelios Apócrifos. Actualmente existe mucho debate sobre la veracidad de estos Evangelios, debate en el cual no vamos a entrar en este libro.

Anne Catherine Emmerich se refiere extensamente a los esenios, aún cuando en su época (1774 al 1824) no se sabía mucho de ellos antes del descubrimiento de los Rollos del Mar Muerto. Esto reafirma la exactitud de sus visiones. Ella corrobora mucho de lo que Josefo y Philo escribieron y también menciona la habilidad de los esenios de curar por imposición de manos.

Monte Carmelo fue el lugar donde muchos de los seguidores del profeta Elías se establecieron para venerar a Dios y preparar la venida de María. La tradición Carmelita sugiere que una comunidad de ermitaños judíos había vivido en el lugar, desde los tiempos de Elías, hasta

---

4 Ibid.
5 Ibid.

que los Carmelitas fueron fundados allí. La Constitución Carmelita de 1281, sostiene que desde que Elías vivía en Monte Carmelo, sacerdotes y profetas, judíos y cristianos, habían vivido vidas dignas de alabanza en penitencia sagrada y en sucesión ininterrumpida. Es muy probable que los esenios pudieran ser entonces sucesores de Elías y su grupo. La capacidad de curación de los esenios podría tener sus orígenes en la capacidad de sanar de Elías y de su sucesor Eliseo. Aparte de las citas sobre Jesús, solo encontré dos citas en la Biblia sobre personas resucitadas. La primera corresponde a Elías [1 Kings 17:21—22] y la segunda corresponde a Eliseo [2 Kings 4:32—35]. En ambos casos, un niño es resucitado por los profetas que utilizan su propio cuerpo para sanarlo.

Los humanos tenemos la capacidad de sanar a otros utilizando nuestras manos. Hoy en día existen muchas técnicas para esto: La imposición de manos, el Reiki y el LaHoChi, por citar algunas. A través de la imposición de sus manos la persona que sana se convierte en conducto, permitiendo que Dios haga el trabajo de sanación a través de ella. Al conocer y entender mejor estos temas decidí que debía dejar mis paradigmas limitantes de lado y abrirme a este tipo de cosas.

Sabemos por las visiones de Anne Catherine Emmerich, que los ancestros de María estaban relacionados muy cercanamente con los esenios. Su abuelo era esenio. El sumo sacerdote de los esenios, que vivía en el Monte Sinaí, también llamado Monte Horeb, era frecuentemente consultado por los antepasados femeninos de María. Esto lo hacían para determinar con quién debían casarse para preservar el linaje y hacer posible la venida de María. El profeta Elías también vivió en el Monte Sinaí, donde existe una caverna muy bien conocida asociada con él, que también era utilizada por los sumos sacerdotes esenios.

Anne Catherine Emmerich hace varias referencias a los contenidos del Arca de la Alianza y su relación con los antepasados de María. Ella describe como la abuela de Ana (la bisabuela de María), recibía el consejo del sumo sacerdote esenio del momento (Arcos) y describe claramente algunos objetos contenidos en el Arca de la Alianza que se encontraban en sus manos. Como vimos en el capítulo anterior estas

Los Esenios y María

reliquias llegaron a los esenios a través del profeta Malaquías. La narración es larga y la resumiré lo mejor posible.[6]

La abuela de Ana, Emorun, fue donde el sacerdote Arcos en Horeb para que él decidiera cuál de los pretendientes ella debía aceptar en matrimonio. Arcos, repitiendo el ceremonial de los sacerdotes levitas cuando se aproximaban al Arca, se colocó sus vestimentas para profetizar. Subió los escalones que lo condujeron a la cueva de Elías en cercanía de la cima del Monte Horeb, dónde se guardaban las reliquias de la Bendición. Esta era la Bendición que por siglos había estado dentro del Arca de la Alianza y que contenía el secreto de la venida de la Virgen Bendita. Allí se puso a orar buscando una respuesta.

Los detalles con que Anne Catherine Emmerich describe los sitios son increíbles. Yo enumero solamente algunos de ellos, perdiendo en mi narración la riqueza de su contenido. Pero continuemos. En la bóveda de la cueva había un hueco por el cual se filtraba la luz iluminando el interior. En la pared había un pequeño altar, tallado en la roca, en el que descansaban varios objetos sagrados. En el altar, en el medio de unos pequeños arbustos de hierbas, había un pequeño árbol, con las hojas amarillentas y retorcidas como conchas de caracoles. Anne Catherine lo relacionó con el árbol de Jesé, de la profecía de Isaías.

Sobre este arbolito el sacerdote Arcos predecía cuán pronto se podía esperar la venida de la Virgen Bendita. Parecía que el arbolito había retoñado del cetro de Aarón, que alguna vez estuvo en el Arca de la Alianza. Cuando los ancestros de María iban donde Arcos por consejo matrimonial, Arcos tomaba el cetro y oraba por una revelación. Si el matrimonio estaba destinado a realizarse en la línea ancestral de María, salía un brote del cetro con una o más flores. El sacerdote interpretaba esto como una respuesta positiva y seleccionaba al pretendiente.

Al finalizar Arcos sus plegarias salió de la cueva y anunció a Emorun lo que la profecía le había revelado. Le dijo que debía casarse con el sexto pretendiente y que tendría un hijo marcado con la señal

---

6 *The Lowly*, I, 120—129

y que sería escogido como vehículo en preparación para la venida del Salvador.

Emorun se casó entonces con su sexto pretendiente, un esenio llamado Stolanus, y tuvo tres hijas: Ismeria, Emerintia, y Enue. Emerintia se casó con Aphras u Ophras, un levita y de este matrimonio nació Isabel, la madre de Juan Bautista. Ismeria se casó con Eliud, viviendo de la forma como vivían los esenios de Nazaret. Una de sus hijas se llamó Ana, la madre de María.

El padre de Ana, Eliud, era de la tribu de Levi, su madre, Ismeria, era de la tribu de Benjamín. Ana nació en Belén, luego sus padres se mudaron a Sephoris, a cuatro horas de Nazaret, donde tenían tierras y una casa. También tenían tierras en el hermoso valle de Zabulón, una hora y media de Sephoris y a tres horas de Nazaret.

Los padres de Ana eran piadosos, devotos, caritativos, sencillos y rectos. Dividían sus posesiones en tres partes iguales, entregando una tercera parte al Templo. Siguiendo los principios esenios, la otra tercera parte se la daban a los pobres. Conservaban para sí mismos una tercera parte. Por ser tan caritativos, la tercera parte que se quedaban, se multiplicaba y aumentaba rápidamente en abundancia, por lo que podían volverla a dividir nuevamente entre tres.

A los cinco años, Ana fue llevada a la escuela en el Templo, donde permaneció por doce años, regresando a su hogar a los diecisiete años. Un año más tarde. Ismeria enfermó mortalmente. Cuando agonizaba, habló a solas con Ana, explicándole que ella era el vehículo de gracia escogido por Dios y que debería contraer matrimonio siguiendo el consejo del profeta en el Monte Horeb.

El padre de Ana pasaba mucho tiempo con su familia en el valle de Zabulón, y después de la muerte de Ismeria se mudó para allá. Esto llevó a la conexión con los padres de Joaquín, el futuro esposo de Ana, quienes vivían en la zona. La familia de Joaquín descendía directamente del Rey David, por eso dice la profecía que María vendría del árbol de Jesé, padre del Rey David.

Ana tenía por lo menos seis pretendientes, pero los rechazó a todos, ya que siguiendo el consejo del sacerdote esenio en el Monte Horeb, ella debía casarse con Joaquín. El era un hombre piadoso, santo y pobre, mientras que Ana venía de una familia rica. Ana tenía alrededor de 19 años cuando se casó con Joaquín.

Ana y Joaquín tuvieron una primogénita llamada María Heli, pero ya que al nacer no mostró los signos que se habían predicho, concluyeron que ella no era la niña prometida. Por diecinueve años después del nacimiento de María Heli, vivieron sus vidas dedicadas a Dios, en constante añoranza y penitencia, rogando por la bendición de la hija prometida, pero Ana permanecía estéril. Ana y Joaquín vivían en una casa cerca de Nazaret, donde continuando con la práctica de los padres de Ana, dividían sus posesiones entre tres: un tercio para el Templo, un tercio para los esenios y un tercio para sí mismos.

La Importancia de la Caridad

La caridad es muy importante en la vida porque nos ayuda a *no juzgar*. Dios nos pide que no juzguemos a otros, pero ¿qué es lo que sucede en nuestras mentes cuando vemos o hablamos con otras personas? Estamos constantemente juzgándolos. ¿Qué pasa cuando vemos a un mendigo en la calle? ¿Acaso no lo juzgamos duramente? Justificamos el no darle dinero a esta persona en base al juicio que hacemos de él. "No voy a financiar el alcoholismo de esta persona", nos decimos a nosotros mismos, sin saber siquiera si esta persona consume alcohol.

Cuando le damos a alguien sin hacer preguntas, sin juzgar—porque sólo Dios conoce las circunstancias de esta persona—sin esperar nada a cambio, estamos expresando el más puro amor que Dios ha creado en el universo. Pone en marcha un mecanismo increíble, un mecanismo muy sofisticado que sólo Dios pudo haber concebido, donde una cosa lleva a la otra, y ésta lleva a otra y a otra y a otra, hasta que regresa a nosotros de una manera maravillosa, generalmente multiplicada para nuestro beneficio. Viene de los lugares más extraños, siempre inesperada y por lo mismo, deliciosa.

Hace muchos años, mi buen amigo Luis Castro, que en paz descanse, un profesor de filosofía de la universidad y entrenador de nuestro equipo de rugby, tenía serios problemas de salud. Estaba alquilando un pequeño apartamento en un sótano, mientras terminaba de remodelar una casa que había comprado. Este apartamento era muy húmedo y le estaba produciendo problemas respiratorios. Se le había acabado el dinero para la remodelación y mientras más esperaba, más se le alejaba el sueño de remodelar su casa. La casa se estaba deteriorando rápidamente porque le estaban robando materiales y accesorios.

Le dije a Luis que le ayudaría a terminar su casa y que me podía pagar cuando pudiese. Era una época complicada en mi vida, acababa de renunciar a mi trabajo en la gran corporación y, después de trece años, estaba comenzando mi propia empresa, por lo que ya no tenía un sueldo regular. Sin embargo, sentí que lo correcto era ayudarlo porque Luis había hecho mucho por mí y siempre estaba presto a ayudar a otros. Había sido como un segundo padre para mí, guiándome y ayudándome a sacarle provecho a los dones que Dios me había dado. Como muchas personas habrían hecho, Luis rechazó mi oferta, no estando seguro que podría pagarme.

Al final, logré convencerlo y comenzamos el trabajo. Después de varios meses y de varios miles de dólares, la casa estaba terminada y se pudo mudar. Éste fue un momento muy feliz para todos nosotros. Luis hizo una fiesta para todos sus amigos, especialmente los del equipo de rugby que eran muy cercanos a él. Nunca le di a Luis la cuenta ni le dije lo que me debía. Cada vez que me preguntaba, yo le decía, "No te preocupes, nos ocuparemos de esto más tarde."

Poco después que se culminara la casa, recibí una llamada de mi empleador, indicándome que debía recoger un cheque. Me explicaron que mi pago final no había sido calculado correctamente y que me habían pagado menos de lo debido. Pensé, "bueno, algo de dinero me vendrá muy bien ahora que ya no tengo un sueldo". Así que corrí a buscar mi cheque, pensando que podrían ser unos pocos miles de dólares. Para mi sorpresa, el monto del cheque era enorme. Era exactamente la cantidad de dinero que había invertido en la remodelación de la casa de Luis. Y cuando digo exacto, me refiero a exacto.

Esto no fue una coincidencia, ni un simple milagro, era el mecanismo de la caridad en acción. Lo que demos en caridad o a personas necesitadas, regresa a nosotros generalmente multiplicado. En este caso, como la cantidad de dinero era grande, el mensaje de Dios no pudo ser más claro. ¿Es increíble, no? Es como las prácticas de los antepasados de María, quienes daban un tercio de su riqueza a los pobres y es así que regresaba multiplicado.

Ahora siempre doy sin hacer preguntas, porque sé que mi recompensa por darle dinero a ese mendigo está en el Cielo. Yo doy y no juzgo. Ahora, por la gracia de Dios, soy capaz de amar al mendigo en vez de criticarlo. ¿Cómo podemos juzgarlo con justicia si no conocemos la historia, ni las circunstancias de ese hombre ni que lo llevó a esa situación? *Una de las formas de manifestar la virtud de no juzgar a nuestros semejantes, es a través de la caridad.*

Cuando damos, no deberíamos gritarlo a los cuatro vientos, más bien, mantenerlo entre Dios y nosotros. Así es como se recibe la gracia de Dios. Me costó compartir esta historia con ustedes. Ni siquiera Beatriz sabía de ella, pero creo que en el contexto de este libro y porque me ayudó a ilustrar el punto, valió la pena hacer la excepción.

En el 2005, la revista *Time* nombró "Personas del Año" a Bill y Melinda Gates y a la estrella de rock irlandesa Bono, por su trabajo caritativo y su activismo para reducir la pobreza mundial y mejorar la salud del mundo. Guardé el artículo porque quedé impresionado con sus esfuerzos. Ese año, Bill Gates era el hombre más rico del mundo, con un valor neto de aproximadamente $47 billones de dólares. También resultó ser el mayor filántropo del mundo, donando $27 billones de dólares a la Fundación Bill y Melinda Gates.

La fundación finalizó el 2007 con $38.7 billones de dólares disponibles para actividades caritativas. Es impresionante la cantidad de dinero que Bill Gates ha donado con fines caritativos. En el 2007 realizó otra donación de $1.3 billones en efectivo. En el 2007, su buen amigo Warren Buffet, que se unió a la fundación hace ya algunos años, donó $1.8 billones de dólares en acciones de Berkshire-Hathaway.

En el 2005, la revista *Time* cita que Bono "enamoró e intimidó y chantajeó moralmente a los líderes de las naciones más ricas para que perdonaran la deuda de $40 billones de dólares de los países más pobres." El senador Jesse Helms lo alaba de la siguiente forma: "al conocer a Bono me di cuenta de que era genuino." Estas personas están haciendo tanto bien con su riqueza y sus talentos y al mismo tiempo, permanecen tan humildes, que uno tiene que sentirse impresionado con su ejemplo. Donar nuestro tiempo y nuestros talentos es servicio, que es otra forma de caridad.

Continuando con las visones de Anne Catherine Emmerich, cuando Joaquín llevó una ofrenda al templo en Jerusalén, no fue bien recibido por uno de los sacerdotes. Las ofrendas fueron rechazadas porque Joaquín y Ana no habían podido concebir a la niña prometida, y Joaquín fue reprochado públicamente. Joaquín estaba tan apesadumbrado y avergonzado por este rechazo que abandonó su hogar y se escondió por cinco meses.[7]

Ana se enteró de la humillación de Joaquín a través de otros y también sufrió mucho. Pasó largas horas orando y en penitencia, hasta que finalmente un día un ángel de Dios se apareció en el patio de su casa y le dijo que debería ir al Templo al día siguiente y encontrarse con Joaquín bajo la Puerta Dorada; y que su marido había recibido un mensaje similar. Ana se llenó de alegría, sus plegarias e intenciones finalmente habían sido respondidas. Cuando se durmió esa noche, el ángel de Dios se le apareció nuevamente.

> Cuando después de una larga plegaria, ella se durmió en su sofá, vi una luz descender sobre ella. La rodeo y, sí, hasta la penetró. Pude verla desde una percepción interior, despertar temblando y sentarse muy derecha. Cerca de ella, a su derecha, vio una figura luminosa escribiendo en la pared, en caracteres hebreos brillantes. Leí y comprendí todo lo escrito, palabra por palabra. Era en este sentido que ella concebiría, que el fruto de su vientre sería del todo especial, y que la Bendición recibida por Abraham sería la fuente de esta concepción. [*The Lowly*, I, 133]

---

[7] *The Lowly*, I, 130-133

Los Esenios y María 63

Cuando Ana se despertó después de medianoche se dio cuenta que la palabra MARÍA había sido escrita en la pared en grandes letras doradas y rojas. En ese momento Ana tenía cuarenta y tres años. A todas éstas, Joaquín estaba pasando por momentos difíciles; hacía cinco meses que había huido al Monte Hermon más allá del Jordán. Con gran perseverancia cuidó de su rebaño de ovejas, rogándole constantemente a Dios para que le concediera sus súplicas. Recuerden que hacía diecinueve años que su primera hija, María Heli, había nacido y Ana estaba ya en sus cuarenta y tres años. Durante todo este tiempo, tanto Joaquín como Ana rogaron fervientemente por otra hija, por el milagro de la hija prometida.

Plegaria de Intención

Como Ana y Joaquín, todos tenemos intenciones por las cuales oramos fervientemente. A veces nuestras plegarias son respondidas y otras no. ¿Qué hace que una plegaria de intención tenga mayor probabilidad de ser respondida? Yo creo que cuando nuestras intenciones están alineadas con la voluntad de Dios para nuestras vidas, es más probable que éstas sean respondidas. Si estas plegarias las elevamos a través de María, mucho mejor.

Mensaje de María del 25 de Julio, 2008, desde Medjugorje: "¡Queridos hijos! En este momento en el que piensan en el descanso físico, los llamo a la conversión. Oren y trabajen para que su corazón añore a Dios el Creador, que es el verdadero descanso de vuestra alma y cuerpo. Que Él les revele Su rostro y que Él les de Su paz. Estoy con ustedes *e intercedo ante Dios por cada uno de ustedes*. Gracias por haber respondido a mi llamado." [www.medjugorje.org]

He experimentado milagros en mi vida, éstos sí suceden y podemos, hasta cierto punto a través de nuestro libre albedrío, hacer que éstos nos sucedan. Hace como cinco años, escribí en un pedazo de papel lo que esperaba de mi vida en cinco años. Hay algo mágico en escribir nuestras intenciones. Creemos que sabemos lo que queremos cuando lo estamos pensando, pero al escribirlos, nos damos cuenta de que en realidad no es así. Cuando los escribimos y comprendemos que estos pensamientos se pueden hacer realidad, comenzamos a dudar. Entonces nos preguntamos: ¿es esto lo que realmente quiero? La primera vez que escriba sus intenciones será un poco difícil, tendrá que editarlo varias veces. Cuando haya terminado, déjelo por un par de días y vuelva a leerlo. Si está satisfecho con lo que escribió, esto se convertirá en su plegaria de "Mis Intenciones". Si no le satisface, haga los cambios necesarios y medite por unos días más hasta que su corazón lo sienta bien.

Este ejercicio es necesario para que los milagros que usted desea en su vida se hagan realidad. Dios nos dio el libre albedrío, y Él estará más que feliz en darnos la vida que deseamos, siempre y cuando esté inspirada en la bondad de Dios. Dios quiere que seamos felices, pacíficos y que nuestra alma no siga sufriendo. Él quiere que regresemos al Paraíso como los seres iluminados que podemos ser, en su semejanza. Sin embargo, no lo podremos lograr si nuestras plegarias de intención están llenas de cosas materiales, de persecución de poder y de engrandecimiento del ego. Si sus intenciones están llenas de estas cosas, Dios no puede ayudarle y tendrá que hacer el trabajo usted solo.

Compartiré con ustedes mi plegaria de Mis Intenciones de hace cinco años, con la esperanza de que ilustre este punto. En el primer párrafo dice:

"Es mi intención dedicar cada día de mi vida a traer paz y amor al mundo y a impulsar la esencia de Cristo."

Fíjese como esta primera intención es amplia e inspirada en Dios. No escribí "quiero escribir un libro", aun cuando tenía tiempo queriendo escribir uno. Tampoco escribí que quería tener un millón de dólares o ser el presidente de una corporación. Esto no significa que Dios no quiere riqueza material o poder para nosotros. Puede tener una o ambas, siempre y cuando sean inspiradas por Dios y no por el ego. Estas cosas vendrán como consecuencia de alcanzar primero las metas

Los Esenios y María 65

espirituales que Dios desea para su vida. Se dará cuenta que la segunda intención en mi plegaria incluye una referencia a la riqueza:

"Estoy haciendo esto con mi esposa Beatriz, en abundante salud y abundante riqueza económica."

Al comparar la plegaria de Mis Intenciones de hace cinco años con mi vida de hoy en día, es exactamente igual. Dios me dio todo lo que estaba en mi lista de Intenciones. Son mejores las declaraciones amplias. Estoy haciendo mi parte por traer paz y amor al mundo y, a través de mi ejemplo, impulsando la esencia de Cristo. Estoy seguro de que al escribir este libro podré llegar a mucha gente. María, a través de Su amor maternal, puede traer de regreso a casa a muchos de Sus hijos, tal y como hizo conmigo.

Escribí que quería vivir en un lugar donde pudiera estar en comunión con la naturaleza, donde no estuviera atascado en el tráfico y donde pudiera encontrar tiempo para la creatividad, la meditación y tiempo para el placer.

"Vivimos en un lugar hermoso y pacífico que permite que nuestra inspiración y creatividad alcance su máximo potencial y donde nuestros hijos tienen el ambiente adecuado para desarrollarse como buenos seres humanos. Tengo tiempo para compartir muchos momentos agradables con mi esposa, con nuestros niños y personas queridas, y tiempo para jugar, reír y disfrutar de la belleza del mundo."

"Nuestra casa es preciosa, muy cómoda, cercana al trabajo, colegio y a los amigos. Es un lugar seguro, siempre protegido por los poderosos seres de luz del altísimo. Hay muchísimo espacio para jugar y contemplar, meditar y sanar en medio de hermosos elementos naturales."

Tengo una bella y amante esposa y los mejores cinco hijos del mundo. Todos son muy responsables y progresan en sus estudios.

Arianna se graduará en el 2009 con un título principal en ingeniería y uno secundario en antropología de la Universidad Carnegie Mellon. Andrés es un estudiante de primer año en arquitectura en la Universidad de Cornell. Alex se graduará este año de la secundaria y está trabajando muy duro para ser aceptado en una buena universidad. Andrea es una excelente estudiante de primer año en la secundaria y Sofía, la más joven, también es excelente en primaria. ¡Cinco de cinco no está mal! Estoy tan orgulloso de mis hijos, no podría pedir más.

Fíjese que no coloqué límites o fijé lugares específicos, ni pedí más de lo que mi familia y yo necesitamos. Mientras más abiertas sean sus intenciones, es más fácil para Dios mover los hilos de Universo y hacer sus intenciones realidad. En otro párrafo escribí:

> "Estoy abierto a la Guía Divina para que pueda ser más efectivo al cumplir mi misión. Escribo, enseño, sano y guío usando mis muchos talentos, gracias a Dios y, a través de esta Guía Divina, mis esfuerzos producen resultados extraordinarios."

Cuando le decimos a Dios que estamos abiertos a la "Guía Divina," El puede guiarnos en el camino y Dios se regocija tanto con esto. Si en nuestras intenciones le dejamos espacio para maniobrar es aún mejor. No es que estemos cediendo nuestro libre albedrío o que perdamos el propósito de nuestras vidas. Es exactamente lo contrario. Nos consagramos, con todos nuestros talentos y nuestra voluntad, a perseguir una causa mayor que será asistida por Dios y por tanto, será más fácil de lograr. Cerraba la plegaria de Mis Intenciones con la siguiente afirmación:

> "Mientras ayudo a otros seres humanos a convertirse en seres Nuevos y a anclar la Tierra Nueva, soy la manifestación perfecta de un ser iluminado."

Seres Nuevos, para mí son personas que se encuentran en un estado consciente de comunión con Dios. La Tierra Nueva es, por supuesto, la Tierra habitada por seres Nuevos, quienes han recuperado la esen-

Los Esenios y María

cia bella y balanceada que teníamos originalmente. Cuando escribí esto hace varios años, no tenía el nivel de entendimiento que tengo ahora. No es que piense que ya alcancé la iluminación, ojala fuera cierto. Pero estoy despertando poquito a poco con la ayuda de María, quien me acerca cada día más a Dios.

No debemos subestimar el poder de escribir nuestras intenciones. ¿De que otra manera puede Dios, o el universo si lo prefieren, saber qué es lo que queremos? Antes de escribir Mis Intenciones, estaba enviando señales confusas al universo: hoy quería esto, mañana quería aquello. Mis intenciones eran demasiado específicas y no amplias como en la versión escrita. Si nuestras intenciones están alineadas con las de Dios, las verán manifestarse rápidamente. Cinco años no es mucho tiempo para los profundos cambios que he experimentado en mi vida.

Lo más importante es que el resultado final no se parecerá en nada a lo que habían previsto, ¡será mucho mejor! Jamás imaginé que viviría en Arizona, mi radar apuntaba hacia Carolina del Norte y sus alrededores. Y hoy estoy aquí, en Sedona, designada por periódicos y agencias de viajes como uno de los mejores destinos en los Estados Unidos. Nunca pensé que me convertiría en un escritor exitoso y que trabajaría desde mi casa. Este lugar es tan seguro que no necesitamos cerrar con llave nuestra casa o nuestros automóviles. Aquí, todo queda cerca, colegios, supermercados, cines, etc. ¡Dios ha superado todas mis expectativas!

Uno de los aspectos de Mis Intenciones con el cual aún estoy luchando, es en como me puedo convertir en "la perfecta manifestación de un ser iluminado". Creo que conozco la respuesta, por lo menos en teoría, y lo expreso en este libro. Pero todavía debo recorrer un largo camino para lograr una práctica consistente de las cosas que describo aquí. Nuestras luchas son las mismas. Cómo resistir las tentaciones materiales y rechazar las invitaciones permanentes de nuestro ego, por alejarnos de Dios. En esta búsqueda por la iluminación, yo podré estar un poquito más adelantado que algunos y, a la vez, muchísimo más atrasado que otros.

Por ejemplo, yo sé que la caridad y el servicio son componentes importantes, pero no estoy haciendo lo suficiente. Yo sé que también es un requisito permanecer en silencio en plegaria contemplativa, en la quietud de la meditación por bastante tiempo, pero aún estoy "haciendo" demasiadas cosas, en vez de simplemente "ser". Seguramente han escuchado la expresión "somos hacedores humanos en vez de seres humanos." Si se siente inspirado o inspirada, intente escribir ahora su plegaria de "Mis Intenciones", y verá como Dios responde.

Ana y Joaquín, después de diecinueve años, recibieron una respuesta a sus plegarias. Fue una solicitud enorme, pero también era una que estaba alineada con la Guía Divina. Ana sabía que tenía un papel muy importante en la venida del Mesías. Su madre se lo había dicho, aun cuando no sabía cuando Él vendría, y mucho menos que ella sería su abuela. Un día, el ángel de Dios se le apareció a Joaquín como lo había hecho con Ana. Veamos que dice Anne Catherine Emmerich:

"El ángel le ordenó que llevara su ofrenda al Templo, le prometió que su plegaria sería escuchada, y le dijo que debía pasar por debajo de la Puerta Dorada. Joaquín estaba afligido con este anuncio. Se sentía muy tímido de ir nuevamente al Templo. Pero el ángel le aseguró que ya los sacerdotes habían sido iluminados con respecto a él." [*The Lowly*, I, 134]

"... y vi a dos sacerdotes ir en pos de Joaquín guiándolo a través de los departamentos laterales hacia el Santuario, ante el altar del incienso... Los sacerdotes inmediatamente se retiraron a cierta distancia y dejaron a Joaquín solo ante el altar. Lo vi arrodillarse con sus brazos extendidos, mientras la ofrenda de incienso se consumía lentamente. Permaneció encerrado en el Templo toda la noche, orando con un deseo fuerte y ardiente. Vi que estaba en éxtasis. Una figura luminosa se le apareció en la misma forma que lo hizo a Zacarías, y le entregó un rollo escrito en letras brillantes. En el habían tres nombres: Helia, Hanna, Miriam[8], y cerca del último, el retrato de una

---

8 Estos nombres son otras formas de Joaquín, Ana y María

Los Esenios y María 69

pequeña Arca de la Alianza, o tabernáculo. Joaquín colocó el rollo junto a su pecho debajo de sus ropas. El ángel dijo: "Ana concebirá una criatura inmaculada de quien nacerá el Redentor." El ángel le dijo además que no se mortificara por su esterilidad que no era una desgracia para él, sino una gloria, porque aquello que su esposa concebiría no sería de él, sino un fruto de Dios, el punto culminante de la Bendición entregada a Abraham. Entonces el ángel lo llevó detrás de la cortina que ocultaba el enrejado previo al Lugar Santísimo. [*The Lowly*, I, 135]

"El ángel removió algo del Arca de la Alianza sin abrir la puerta. El Misterio del Arca, el Sacramento de la Encarnación, la Inmaculada Concepción, la Consumación de la Bendición de Abraham. Lo vi bajo la apariencia de un cuerpo luminoso. El ángel bendijo o ungió la frente de Joaquín con la punta de su pulgar e índice, luego deslizó el cuerpo brillante debajo de las ropas de Joaquín y entró en él, cómo, no lo puedo decir. También le dió algo de beber de un cáliz brillante que él sostenía con dos dedos. El cáliz tenía la misma forma que el usado en la Ultima Cena, pero sin pie. Joaquín recibió instrucciones de llevarlo con él y guardarlo en su casa. [*The Lowly*, I, 136]

El ángel se marchó y Joaquín quedó en éxtasis, casi paralizado. Los sacerdotes regresaron al Lugar Santísimo y lo encontraron en este estado. Lo ayudaron a levantarse y lo sentaron en un lugar reservado para los sacerdotes. Una vez que Joaquín se recuperó de su estado casi inconciente, estaba lleno de gozo y se veía más joven y radiante. Una vez más fue guiado a ir a la Puerta Dorada donde debería encontrarse con su esposa Ana. Los sacerdotes lo guiaron por un túnel, o pasaje subterráneo, que pertenecía a la parte consagrada del Templo y corría por debajo de él, que lo llevaría a la Puerta Dorada.

Ana también se encontraba en el Templo en ese momento. Después que entregó sus ofrendas, le confesó a un sacerdote que el ángel de Dios había venido a ella y que debía encontrarse con su marido debajo de la Puerta Dorada del Templo. Ana fue guiada por un sacerdote por el otro extremo del pasaje que Joaquín había entrado. Ambos caminaron y se encontraron debajo de una columna en forma de palmera con frutos y hojas colgando. Y fue aquí, bajo la Puerta Dorada del Templo, que la Concepción Inmaculada de María ocurrió.[9]

Después de este largo periodo de lucha y purificación de la raza humana, finalmente la Bendición había encontrado un hogar en la comunidad esenia, un grupo de personas que se habían entregado a Dios y que habían alcanzado niveles de pureza y santidad no conocidos en ese momento. Y entre esos esenios finalmente había una humana digna de cargar la semilla de María encarnada, el Segundo Pensamiento Eterno de Dios. Toda la creación de Dios se regocijó por este evento largamente esperado, evento que traería esperanzas para la salvación de la humanidad.

---

9 *The Lowly*, I, 138

Capítulo 5

Inmaculada Concepción y Pureza de Cuerpo

La Inmaculada Concepción se refiere a la creación de un nuevo ser humano en el vientre de la madre, sin relación sexual entre los padres. Este ser humano es concebido por el Espíritu Santo y es creado con toda pureza, "lleno de gracia" y, por tanto, libre del pecado original. El resto de nosotros mortales llevamos en nuestro plan original la pérdida de la gracia de Dios de nuestros primeros padres, Adán y Eva, lo cual nos predispone a la servidumbre del pecado. Vale la pena notar que el pecado no es el sexo sino la desobediencia, el sexo es bueno porque fue creado por Dios.

Mucha gente incluyéndome a mí mismo en el pasado, están confundidos con respecto a la "Inmaculada Concepción". La mayoría de la gente piensa que se refiere a la concepción de Jesús en el vientre de María de forma inmaculada. Sin embargo, después de leer a Anne Catherine Emmerich, comprendí que la Inmaculada Concepción de María se refiere a "Su" Inmaculada Concepción y no a la de Su hijo Jesús.

¡Sorprendente! ¿Cómo es posible que después de más de cinco años de participación activa en mi fe, recién ahora descubra esto? Comencé a preguntar a familiares y amigos qué entendían por la Inmaculada Concepción y nueve de diez tenían la respuesta equivocada, asociándola con Jesús y no con María. ¿Por qué esta información no ha sido divulgada? Para mí, esto fue un descubrimiento increíble, otra pieza clave de mi rompecabezas.

Busqué entonces en la doctrina de la iglesia católica para entender el punto de vista de la iglesia en relación a la Inmaculada Concepción de María. Lo que descubrí me confundió aún más. La iglesia católica y romana no reconoció la Inmaculada Concepción de María hasta el siglo quince. ¿Por qué, si mucho antes existía una fuerte creencia popular en esto, basada en la tradición oral? Desde la creación de la iglesia cristiana, los padres de la iglesia escribieron y creyeron en la Inmaculada Concepción.

No fue sino hasta 1476 que el Papa Sixto IV estableció la fiesta de la Inmaculada Concepción de María el 8 de Diciembre. No definió la doctrina como dogma, dejando a los católicos romanos en libertad para creer o no. Esta libertad de creer en la Inmaculada Concepción fue reiterada en el Concilio de Trento que se llevó a cabo entre 1545 y 1563.

El Concilio de Trento fue el décimo noveno Concilio Ecuménico de la iglesia católico-romana, considerada por la iglesia como uno de los concilios más importantes. Ecuménico significa que estaba abierto a toda la iglesia, incluyendo a las facciones disidentes asociadas con la Reforma Protestante.[1]

1 La Reforma Protestante fue un movimiento reformista que comenzó en 1517, pero sus raíces son mucho más antiguas. La Reforma incluyó aspectos culturales, económicos, políticos y religiosos. Comenzó con Martín Lutero y terminó en 1648. El movimiento comenzó como un intento de reformar la iglesia católica. Muchos católicos occidentales estaban preocupados por lo que veían como falsas doctrinas y malas prácticas en la iglesia, particularmente con las enseñanzas y la venta de indulgencias. Otro argumento importante era la práctica, vista como sistémica, de comprar y vender puestos en la iglesia (simonía), alcanzando incluso la posición del Papa. El 31 de Octubre de 1517, en Sajonia (lo que es hoy Alemania) Martín Lutero clavó su Tesis Noventa y Nueve a la puerta de la iglesia del castillo Wittenberg, que servía de cartelera para los anuncios relacionados con la universidad. Estos eran puntos de debate que criticaban a la iglesia y al Papa. Los puntos más controversiales se centraban en la venta de indulgencias y la política de la iglesia sobre el purgatorio. Otras prácticas y creencias criticadas por los reformistas protestantes era la devoción por María, la intercesión de y la devoción por los santos, la mayoría de los sacramentos, la exigencia de celibato a los clérigos y la autoridad del Papa. Las sectas más importantes que surgieron de la Reforma son los luteranos, los presbiterianos/calvinistas/reformados y los anabaptistas. [Reforma Protestante. En Wikipedia, la enciclopedia gratis. Obtenida el 5 de Mayo, 2008, de http://en.wikipedia.org/wiki/Protestant_reformation]

Inmaculada Concepción y Pureza de Cuerpo 73

En 1534 Enrique VIII le dio la espalda al Papa y se convirtió en el Director Supremo de la Iglesia de Inglaterra, dando origen al anglicanismo. El protestantismo, luteranismo y calvinismo amenazaron con hacer lo mismo si la iglesia no hacía las reformas necesarias. La ratificación, en estos momentos difíciles, del Concilio de Trento sobre la libertad de creer en la Inmaculada Concepción, indica cual era la posición de la mayoría de los representantes de la iglesia con respecto a la Inmaculada Concepción.

Finalmente el 8 de Diciembre de 1854, el Papa Pío IX definió la Inmaculada Concepción como dogma. La iglesia católico-romana cree que el dogma está apoyado por las Escrituras: María es saludada por el Angel Gabriel como "llena de gracia" o "altamente favorecida", María es llamada la Virgen Bendita en el Evangelio de Lucas. También está apoyado por *sensus fidei* o "sentido de la fe" o tradición oral, y directa o indirectamente por los escritos de muchos de los padres de la iglesia en los primeros tiempos del nacimiento de la fe cristiana. La teología católica mantiene que ya que Jesús encarnó de la Virgen María, es lógico que Ella estuviera completamente libre de pecado.[2]

Sin embargo, la Inmaculada Concepción no fue aceptada por las iglesias reformistas nacientes. El Papa Pío IX definió este dogma unilateralmente, sin consultar a las demás iglesias. Tampoco comparten este dogma las iglesias ortodoxas orientales, la comunión anglicana ni las diferentes comunidades protestantes. Los cristianos ortodoxos sí creen que María estuvo libre de pecado toda su vida, pero ellos generalmente no comparten la visión de la iglesia católico-romana sobre el pecado original. Los anglo-católicos aceptan el dogma.

Debido a las posiciones divergentes de otras sectas cristianas sobre este tema, el dogma no fue promovido con más fuerza, y la iglesia

2 Mientras la mayoría de las doctrinas católicas y las enseñanzas teológicas se originan ya sea en las Escrituras o son establecidas por la alta jerarquía de la iglesia, *sensus fidelium* trabaja de las bases hacia arriba, de las creencias de las masas inspiradas por el Espíritu Santo dejado por Jesucristo para guiar a los creyentes dentro del marco de la iglesia católica. El catecismo de la iglesia católica dice: Cristo cumple este ministerio profético no solo por la jerarquía sino también por la laicidad. Por tanto, los establece como testigos y les provee del sentido de la fe (*sensus fidei*) y de la gracia de la palabra. [*Sensus fidelium*. En Wikipedia, la enciclopedia gratis. Obtenido el 5 de Mayo, 2008, de http://en.wikipedia.org/wiki/Sensus_fidei]

católico-romana se mantuvo más bien silenciosa al respecto. Esto explicaría por qué un bloque fundamental de la construcción de la fe fue olvidado y por qué no ha sido difundido más ampliamente en nuestros tiempos.

La iglesia se tardó dieciocho siglos en reconocer oficialmente la Inmaculada Concepción de María. Pero María se tardó solo cuatro años en responder. En 1858 en Lourdes, Francia, María se le apareció a una niña de catorce años, Bernadette Soubirous, identificándose como "La Inmaculada Concepción". Esto fue muy importante en aquel momento, porque ratificó el dogma recientemente establecido.

La visión de Anne Catherine Emmerich sobre la Inmaculada Concepción de María, cuando Ana y Joaquín se encontraron debajo de la Puerta Dorada del Templo, es muy reveladora.

Yo vi a Joaquín y Ana abrazarse en éxtasis. Estaban rodeados por ángeles, algunos flotando sobre ellos cargando una torre luminosa como la que vemos en los retratos de la Letanía de Loreto. La torre desapareció entre Joaquín y Ana, ambos estaban rodeados por una luz brillante y gloriosa. Al mismo tiempo, los cielos sobre ellos se abrieron y vi el gozo de la Santísima Trinidad y de los ángeles por la concepción de María. Tanto Joaquín como Ana estaban en un estado sobrenatural. Comprendí que en el momento en el cual ellos se abrazaron y la luz brilló a su alrededor, se produjo la Inmaculada Concepción de María. Se me fue revelado en ese momento que María fue concebida tal y como hubiese sido la concepción si el hombre no hubiese caído. [*The Lowly*, I, 138]

Completa Unión con Dios

María fue engendrada por Ana y Joaquín sólo después que se habían rendido completamente a Dios. La rendición perfecta a Dios significa la conquista de nuestros egos. Significa salir de la trampa de nuestra mente que siempre está tratando de llamar nuestra atención a los aspectos físicos de nuestra vida. Mi mente no quiere que yo medi-

Inmaculada Concepción y Pureza de Cuerpo

te y que la apague, ni que la ignore y me enfoque en Dios. Quiere que me mantenga ocupado "haciendo" todo tipo de cosas en vez de simplemente "ser". Cuando podemos separar el pensar del ser, alcanzamos la unión completa con Dios.

¿Qué podemos hacer en la práctica para lograr una completa rendición a Dios, la perfecta unión con Dios? María nos da la respuesta a través de Sus mensajes en Medjugorje. Ella dice: busquen a Dios a través de la oración con el corazón abierto.

Mensaje de María a Mirjana Soldo el 2 de Noviembre, 2008: "Queridos hijos, hoy los llamo a una *completa unión con Dios*. Su cuerpo está en la tierra, pero les pido que su alma esté con más frecuencia en la cercanía de Dios. Esto lo lograrán a través de *la oración, la oración con el corazón abierto...*" [www.medjugorje.net]

Hay muchas formas de orar, pero la más efectiva es, como dice María, orar con el corazón abierto. Yo rezo todos los días, varias veces al día, y trato lo más que puedo de estar en un estado constante de oración. Mi oración puede ser el "Padre Nuestro" o el "Ave María", o simplemente una conversación. El "Padre Nuestro" ó la "Oración del Señor", nos fue entregada por Jesús [Mateo 6:9—13 y Lucas 11:2—4]. Las primeras dos frases del "Ave María" provienen de dos pasajes del Evangelio de Lucas [Lucas 1:28 y Lucas 1:42], cuando el Arcángel Gabriel le habla a María, y la última frase fue añadida en el Concilio de Trento en 1566. María nos pide que recemos el rosario todos los días y, en ese momento, que hagamos nuestras intenciones para la paz en nuestras vidas y en el mundo.

Mensaje de María del 25 de Enero, 1991 desde Medjugorje: "¡Queridos hijos! Hoy, como nunca antes, los invito a orar. Que su oración sea una oración por la paz. Satán es fuerte y desea destruir no solo la vida humana, sino también la naturaleza y el planeta en donde viven. Por tanto, queridos hijos, oren que a través de la oración pueden protegerse con la bendición de paz de Dios. Dios me ha enviado a ustedes para que los ayude. Si así lo desean, tomen el *rosario*. Aún sólo el *rosario* puede obrar milagros en el mundo y en vuestra vida. Los bendigo y permanezco con ustedes por el tiempo que la voluntad de Dios así lo determine. Gracias por no traicionar mi presencia aquí y les agradezco porque su respuesta le está sirviendo al bien y a la paz." [www.medjugorje.net]

En el año 1214, María le entregó el rosario a Santo Domingo de la iglesia de Prouille en Francia. Debido a los pecados de la gente, Santo Domingo se había retirado a un bosque cerca de Toulouse, y allí rezó por tres días y tres noches continuas haciendo duras penitencias que lo llevaron a un coma. En este momento, María se le apareció y le dijo, "Querido Domingo, ¿sabes cuál es el arma que la Santísima Trinidad quiere usar para reformar al mundo? "Oh mi Señora," le respondió Santo Domingo, "tú lo sabes mejor que yo porque después de tu Hijo Jesucristo, tú has sido el principal instrumento de nuestra salvación."

Entonces María le respondió, "Quiero que sepas que, en este tipo de guerra, el arma principal siempre ha sido el Salterio (o salmodia) Angelical, que es la piedra fundacional del Nuevo Testamento. Por tanto, si quieres alcanzar estas almas endurecidas y ganarlas para Dios, reza mi Salterio."[3]

En aquella época, se le llamaba Salterio (ó salmodia) de Jesús y María porque tiene el mismo número de Ave Marías que número de salmos en el Libro de los Salmos de David, y se rezaba porque las personas simples y no educadas no eran capaces de recitar estos salmos. Posteriormente, el Salterio cayó en desuso y en 1460 el Bendecido Alan de la Roche, seguidor de Santo Domingo, reestableció el rezo del Salterio, pero comenzó a llamarlo rosario. María se le apareció y le dijo, "Fuiste un gran pecador en tu juventud, pero obtuve de mi Hijo la gracia de tu conversión. Si hubiese sido posible, me hubiese gustado pasar por todo tipo de sufrimientos para salvarte, porque los pecadores convertidos son una gloria para mí. Y también hubiese hecho eso para hacerte merecedor de predicar mi rosario por todas partes."[4]

---

3 *Secret of the Rosary* (Secreto del Rosario), San Louis De Montfort
4 Ibid.

Inmaculada Concepción y Pureza de Cuerpo 77

Bernadette Soubirous, la vidente de María en Lourdes, aseguró que en su primera reunión con María, "La Señora tomó el rosario que tenía en sus manos e hizo la señal de la cruz." Las apariciones de María en Fátima, Portugal, también son llamadas Nuestra Señora del rosario, porque María se identificó a Sí misma como "la Señora del Rosario." Los tres niños en Nuestra Señora de Fátima aseguraron que les pidió rezar el rosario todos los días, reiterando muchas veces que el rosario era la clave para la paz personal y mundial.

Existe una historia extraordinaria sobre un milagro del rosario en Hiroshima, Japón, donde fue lanzada la bomba atómica el 6 de Agosto de 1945, destruyendo toda la ciudad y matando ciento cuarenta mil personas. A unas pocas cuadras de distancia, a menos de un kilómetro y medio de donde la bomba cayó, había una casa con una pequeña iglesia pegada a ella. La explosión destruyó la iglesia, pero no tocó la casa ni a los ocho misioneros jesuitas alemanes que vivían allí.

Los ocho sacerdotes rezaban el rosario todos los días. Milagrosamente sobrevivieron a la fuerza destructiva de la explosión atómica y continuaron viviendo normalmente sus vidas. Los científicos nunca encontraron una explicación para este milagro. Uno de los sobrevivientes, Fr. Schiffer, dijo, "Nosotros creemos que sobrevivimos porque vivíamos el mensaje de Fátima." En Japón también, en 1973, María se apareció a la Hermana Agnes Sasagawa en Akita y le dijo, "Reza mucho las plegarias del rosario. Solo yo soy capaz todavía de salvarte de las calamidades que se aproximan."

Para mí, rezar el rosario es como meditar, es una silenciosa e intima conversación con María. Rezar el rosario es como repetir una y otra vez un mantra, como lo han hecho por siglos otras religiones y prácticas espirituales. La repetición de un mantra permite silenciar nuestras mentes y que nuestras almas crezcan. Es una excelente herramienta para acercarnos a la iluminación. El rosario ha existido desde 1214, sin embargo, cuentas de oración y cuerdas con cordones fueron usados mucho antes y aun son utilizados por muchas religiones hoy en día. Por favor no permitan que obstáculos religiosos se interpongan en la oración del rosario. O si prefieren, recen su propia versión o mantra.

Beatriz y yo rezamos juntos el rosario cada noche haciendo una intención especial por el establecimiento de la paz en la tierra. Sabemos que María recibe con alegría nuestras plegarias, que nos agradece por responder a Su solicitud y por dedicarle un tiempo a Ella. Cuando rezo el rosario, siento la presencia de María tan claramente que yo sé que Ella recibe mis palabras e intercede ante Jesús por mi alma. He desarrollado una necesidad, una dependencia del rosario, soy un orgulloso hombre del rosario. Para conocer más sobre el rosario, por favor refiéranse al Apéndice I.

María también pide que ayunemos. En Medjugorje, Ella específicamente nos pide que ayunemos dos veces por semana, los miércoles y los viernes. Ayunar es abstenerse por veinticuatro horas de consumir alimentos o bebidas, excepto el agua necesaria y pequeñas porciones de pan para evitar los dolores de cabeza y que nuestros cuerpos continúen trabajando. He descubierto que, durante el ayuno, el agua puede quitar el hambre. Incluso cuando no estoy ayunando, tomar un vaso de agua elimina la sensación de hambre que pueda estar sintiendo.

<u>Mensaje de María del 25 de Octubre, 2008 desde Medjugorje</u>:
"...pequeños niños, ármense con oraciones y *ayuno* para que puedan ser conscientes de cuanto Dios los ama y puedan realizar la voluntad de Dios..." [www.medjugorje.org]

El ayuno también se puede realizar absteniéndose de comer o tomar algo que nos gusta mucho, haciendo un *sacrificio*. El propósito del ayuno es que nos ayude a recordar las intenciones de nuestras plegarias y a estar conscientes de la presencia de Dios en nuestras vidas. En este mundo agitado, donde nuestro ego quiere que vivamos y donde nuestra atención está continuamente distraída hacia eventos externos, ésta es una práctica muy efectiva. El ayuno nos ayuda a separar nuestras necesidades físicas y nuestro ego de nuestra alma. Al lograr esta separación y enfocar nuestra atención en nuestra alma, estamos un paso más cerca de la iluminación.

Inmaculada Concepción y Pureza de Cuerpo 79

El ayuno también nos ayuda a purificar nuestros cuerpos y nos gana gracias, un requisito indispensable para la iluminación. Nuestro cuerpo es el templo del Espíritu Santo, y como tal es necesario cuidarlo. Recuerden que Jesús y María conservaron sus cuerpos en el Cielo. Ellos los pudieron conservar porque sus cuerpos eran lo suficientemente puros.

¿No saben ustedes que su cuerpo es templo del Espíritu Santo, que habita en nosotros y que lo hemos recibido de Dios? Ustedes ya no se pertenecen a sí mismos. [1 Corintios 6:19]

A pesar de que he progresado enormemente controlando y minimizando mi ego a través de las plegarias y el ayuno, todavía no estoy donde María me quiere. Ella es para mí el ejemplo perfecto de alguien que conquistó su ego, de una humildad ejemplar, y yo estoy constantemente tratando de imitarla. Cada día es un reto. Observando mi comportamiento durante el día, las cosas que hago o digo, me doy cuenta de que María o Jesús las habrían hecho de forma diferente y de seguro mucho mejor. Continuamente estoy cometiendo errores, tropezando con mi propia ignorancia, mi juicio y mi ego autosuficiente. Aún no he logrado conquistar mi ego.

El Nacimiento de María

Después de Su Inmaculada Concepción, el nacimiento de María fue también especial y sobrenatural. Ella nació de Ana de una forma completamente diferente de como los humanos nacen. Anne Catherine Emmerich lo explica muy bien. Resumo a continuación sus relatos.

Cuando llegó el momento, Ana llamó a otras tres mujeres para que la ayudaran en el parto. Ella esperaba un parto normal. Ana estaba arrodillada frente al armario en su cuarto, cuando una luz sobrenatural comenzó a llenar el área. La luz se hizo cada vez más intensa, rodeando completamente a Ana, que entonces se paró. Las tres mujeres estaban tan sorprendidas que cayeron al piso. Entonces, cuando Ana reapareció de la intensa luz, tenía un bebé en sus manos, envuelto en su manto y pegado a su corazón.[5]

Esto inevitablemente nos regresa a Eva y a la Caída, cuando, después del pecado original, Dios le dice que dará a luz con dolor. María es la primera humana nacida de forma sobrenatural, sin ningún dolor para la madre. Más tarde Jesús nacerá de la misma manera. Anne Catherine Emmerich afirma que de no haber sido por la Caída, todas las concepciones y nacimientos hubieran sido como las de María.

Hemos establecido una piedra angular: María fue concebida inmaculada, sin relaciones sexuales entre Sus padres, tal como Jesús, el Hijo de Dios, sería más tarde concebido. El Segundo Pensamiento Eterno en la Bendición recibida por Joaquín encarnó en Ana y María fue concebida. María se convirtió en la nueva Arca de la Alianza, llevando el Primer Pensamiento Eterno en la Palabra—el Mesías.

Es interesante que cuando pregunto que entiende la gente por la Inmaculada Concepción, las respuestas son en su mayoría que Jesús fue concebido inmaculadamente, o sea sin la interacción sexual de sus padres, María y José. Pero cuando usamos el término de Inmaculada Concepción en María, la gente inmediatamente tiene una interpretación diferente del término "inmaculada". Lo limitan a algo no fácilmente comprensible de que María fue concebida sin pecado original, y llena de gracia del Espíritu Santo, pero les cuesta aceptar que haya sido sin la intervención sexual de sus padres, Ana y Joaquín. ¿Pero por qué no? Digo yo. ¿Si pueden aceptar el término en el contexto de Jesús, por qué no en el contexto de María?

Algunos de los cuerpos de los santos, que vivieron sus vidas cerca de la perfección de María y Jesús, han permanecido intactos. Por ejemplo, Santa Catalina Labouré murió en 1876, cuando su cuerpo fue exhumado, cincuenta y seis años más tarde, estaba en perfectas condiciones. Sus ojos eran tan azules como el día en que falleció. Santa Catalina Labouré puede ser vista en la capilla de Rue du Bac 140 en París, y parece como si solo hubiese muerto ayer. Sin embargo, a dife-

---

5 *The Lowly*, I, 150–151

Inmaculada Concepción y Pureza de Cuerpo 81

rencia de María, los cuerpos intactos de Labouré y otros doscientos cincuenta santos, no fueron ascendidos junto con sus almas al morir. Al parecer esta bendición está reservada solamente para los más santos, Jesús y María.

Es interesante mencionar que Anne Catherine Emmerich vio que, para el momento del nacimiento de María, había mucha alegría y agitación en la naturaleza y en los corazones de las personas buenas. Los pájaros cantaban más que de costumbre y los animales jugaban. Sin embargo, también vio mucho miedo y dolor en los pecadores y aquellos que estaban poseídos por almas malignas deliraban y gritaban violentamente. Estos gritaban porque las almas malignas no podrían seguir ingresando en los humanos para atormentarlos, porque había nacido ya la Virgen anunciada, la que aplastaría a la serpiente.

Jesús hace una hermosa descripción de la Inmaculada Concepción en Su discurso en la Casa de Oración en Cafarnaúm sobre "Yo soy el pan que ha bajado del cielo." [Juan 6:41]. Su audiencia estaba escandalizada con Sus palabras. En su Poema, María Valtorta captura la siguiente respuesta de Jesús:

"¿Por que murmuráis entre vosotros? Sí, Yo soy el Hijo de María de Nazaret, hija de Joaquín de la estirpe de David, virgen consagrada en el Templo, luego casada con José de Jacob, de la estirpe de David. Muchos de vosotros conocieron a los justos que dieron vida a José, carpintero regio, y a Maria, virgen heredera de la estirpe regia. Por ello murmuráis:"¿Como puede éste decir que ha bajado del Cielo?" y surge en vosotros la duda.

Os recuerdo a los Profetas, sus profecías sobre la Encarnación del Verbo. Os recuerdo también como—más para nosotros israelitas que para cualquier otro pueblo -, es dogmático que Aquel que no osamos nombrar no podía darse una Carne según las leyes de la humanidad, y de una humanidad, además caída. El Purísimo, El Increado, si se ha humillado haciéndose Hombre por amor al hombre, no podía sino elegir un seno de Virgen más pura que las azucenas para revestir de Carne su Divinidad.

El pan bajado del Cielo en tiempos de Moisés fue depositado en el arca de oro cubierta por el propiciatorio, custodiada por los querubines, tras los velos del Tabernáculo. Y con el pan estaba la Palabra de Dios. Así debía ser, porque debe presentarse sumo respeto a los dones de Dios y a las tablas de su santísima Palabra. Pues bien, ¿qué habrá preparado entonces Dios para su misma Palabra y para el Pan verdadero venido del Cielo? Un arca más inviolada y preciosa que el arca de oro, y cubierta con el precioso propiciatorio de su pura voluntad de inmolación, custodiada por los querubines de Dios, velada tras el velo de un candor virginal, de una humildad perfecta, de una caridad sublime, de todas las más santas virtudes.

¿Entonces? ¿No comprendéis todavía que mi paternidad esta en el Cielo y que, por tanto, de allí vengo? Si, Yo he bajado del Cielo para cumplir el decreto de mi Padre, el decreto de salvación de los hombres, según cuanto prometió en el momento mismo de la condena y repitió a los Patriarcas y Profetas...[*El Evangelio*, V, Páginas 661-662]

El malentendido de la Inmaculada Concepción debe ser corregido, es necesario que la iglesia lo explique mejor. Hay tan poca educación al respecto que la mayoría de los católicos no entienden que se refiere a la concepción de María y no a la de Jesús. Aún en Catecismo de la Iglesia Católica, de un total de 2.865 párrafos, solo hay cuatro párrafos dedicados a la Inmaculada Concepción de María.

En Sus apariciones, María se presenta a Sí misma como la Madre de todos, no sólo la Madre de los católicos. Me parece que la política religiosa y el orgullo de los hombres se han antepuesto a la verdadera universalidad de María. María no forma parte de nuestra vida cotidiana y está ausente de la iglesia. Por desconocimiento La hemos ignorado. Los hombres colocaron a María en un closet y botaron la llave.

Necesitamos traer a María de regreso a nuestras vidas y dejar que llene nuestros corazones. Por mucho tiempo hemos añorado esta energía maternal y amorosa. Hemos buscado por todas partes sin éxito, sin saber que los deseos de nuestros corazones serían satisfechos por María que está ahí para nosotros. No hay nada como una madre cuando un niño necesita amor y cuidados. La unión que existe entre madre e

Inmaculada Concepción y Pureza de Cuerpo 83

hijo es tan íntimamente especial, que no puede ser emulada por ninguna otra relación.

Cuando me abrí a María, Ella entró precipitadamente, como los torrentes de las Cataratas del Niágara, llenando mi corazón con tanto amor y mi vida con tantas bendiciones. ¡Oh María, que triste es saber que estuviste ahí todos estos años, esperando pacientemente, guardada y olvidada! Querida Madre, qué triste y doloroso debió haber sido para Ti, todos estos siglos, saber que en los corazones humanos no había lugar para Ti.

María, tuviste que venir como el ser de luz que Eres y presentarte en muchos lugares para que comenzáramos a notarte, para que pudiéramos encontrarte nuevamente y volverte a la vida. Te doy las gracias por Tus recientes apariciones y por tener paciencia eterna con nosotros. Te doy las gracias por Tu presencia amorosa y por estar disponible para nosotros, sin importar la raza o la religión. Una vez hubo sólo una fe cristiana, contigo podrá convertirse nuevamente en una sola fe.

El Papa Juan Pablo II fue uno de los pocos magistrados recientes de la iglesia que, varias veces durante su administración, demostró su fuerte devoción por María. Como él, hay unas pocas autoridades católicas, incluyendo al actual Papa Benedicto XVI, que tienen una profunda veneración por María. Varios sacerdotes y autoridades católicas han investigado y escrito libros sobre María. Sin embargo, me parece que en las instituciones de la iglesia católica, los Mariólogos son una minoría y deben nadar en contra de la corriente.

En todas las religiones, las prácticas religiosas han sido el producto de siglos de dominación masculina. Desde tiempos inmemoriales, las diferentes iglesias han sido gobernadas por hombres y las mujeres han sido relegadas a roles secundarios. Los tiempos han cambiado y, gracias a los movimientos feministas, las mujeres igualan a los hombres en casi todos los aspectos de la vida moderna. Una de las pocas excepciones sigue siendo la religión, donde las posiciones de autoridad continúan predominantemente asignadas a los hombres. María viene como intercesora espiritual de toda la humanidad ante Dios. Ella nunca estuvo ni estará interesada en una posición de autoridad.

Es hora de que nos abramos a la sabiduría femenina y al amor maternal de María. Si no fuera por sus apariciones, no La conoceríamos. María aplastó la cabeza de la serpiente cuando encarnó y le dio vida a Jesús. María deshizo el pecado original de Eva a través de Su obediencia y nos mostró el camino de regreso a casa, al Paraíso. Pero el mal logró ocultarla poco después de Su muerte, para que el pecado anduviera libre por el mundo otra vez. Es hora de liberar a María y de nuevamente aplastar la cabeza de la serpiente.

Habrán notado que casi no hay canciones sobre María sonando en la radio. En la radio cristiana, escuchamos muchas canciones hermosas alabando a nuestro Señor Jesucristo. Sin embargo, no escuchamos nada sobre María. Esto demuestra cuan efectivo ha sido el encarcelamiento de María.

Pocas canciones tienen el poder del Ave María, un himno glorioso a María. Un ejemplo más reciente es el tema "Let it Be" ("Déjalo Ser" o "Deja que Sea" serían traducción aproximada del título Inglés) de Paul McCartney y John Lennon. Al escuchar con cuidado la letra y dejar que la canción llene nuestros corazones, debemos concluir que Paul McCartney tuvo un momento de inspiración divina al componerla. La propia Virgen María debió haber tocado su corazón para que esta canción se realizara. Veamos lo que dicen algunas estrofas:

> Cuando me encuentro en problemas, Madre María viene a mí,
> hablando palabras sabias ... déjalo ser.
> Y en mi hora más oscura ella está parada en frente de mí,
> hablando palabras sabias ... déjalo ser.

La canción ocupó el número uno en los Estados Unidos y número dos en el Reino Unido. En 2004, fue ubicada en el puesto veinte de la lista de las quinientas mejores canciones de todos los tiempos de la revista *Rolling Stone*.[6] McCartney dijo que "Let it Be" había sido

---

6 Let it Be. En Wikipedia. Obtenido el 23 de Agosto, 2008 de http://en.wikipedia.org/wiki/Let_it_be

Inmaculada Concepción y Pureza de Cuerpo 85

inspirada por un sueño sobre su madre que murió de cáncer cuando él tenía catorce años. Sin embargo, yo creo que la mayoría de la gente cuando la oye, la asocia con la Virgen María. Ha llegado a todas las edades y a todos los grupos étnicos y religiosos. Tal vez ya han notado que María dijo, "Yo soy la servidora del Señor; hágase en mi (*let it be*) lo que has dicho." [Lucas 1:38]. En español la traducción no es exacta, pero en ingles Lucas dice: "*Let it be* to me according to your word". Coincidencia?

La letra de la canción "Stairway to Heaven" (Escalera al Cielo) de Led Zeppelin, según la revista *Rolling Stone*, "la banda más pesada de todos los tiempos" y "la banda más grande de los 70s", es también impresionante:

...And as we wind on down the road (... Y mientras caminamos por el camino)
Our shadows taller than our souls (Nuestras sombras más altas que nuestras almas)
There walks a lady we all know (Por ahí camina una dama que todos conocemos)
Who shines white light and wants to show (Que brilla con una luz blanca y quiere mostrar)
How everything still turns to gold, yeah And if-a you listen very hard (Como todo aún se convierte en oro, si, y si escuchan con cuidado)
The tune will come to you at last (La melodía por fin les llegará)
When all is one and one is all To be a rock and not to roll, not to roll (Cuando todo es uno y uno es todo. Ser una roca y no rodar, no rodar)
Don't make me roll (No me hagas rodar)
An' she's buying a stairway to heaven (Y ella está comprando una escalera al cielo)

Cuando leo estas líneas se me aguan los ojos y se me hace un nudo en la garganta, porque puedo sentir como María le hablaba a Robert

Plant, el vocalista del grupo quien escribió la canción. Plant dijo: "Mi mano estaba escribiendo las palabras, '*Ahí hay una dama que está segura que todo lo que brilla es oro, y está comprando una escalera al cielo.*' Me quedé sentado viéndolas y casi salté de mi asiento."

Esta canción nunca fue vendida como sencillo, pero como álbum, para el 31 de Julio de 2006, había vendido 23 millones de copias solamente en los Estado Unidos. Es una de las 100 Grandes Canciones de Rock y es la canción más solicitada y tocada en la estaciones de radio FM de los Estado Unidos.[7]

¿Cómo puede ser que una banda de rock tenga este tipo de inspiración? "Rock and roll" es un conjunto de palabras muy popular en ingles para un estilo de música. "To be rocks and not roll" es la expresión invertida que literalmente significa que nos paremos sólidos, como rocas, y no nos permitamos rodar. Y si "escuchamos con cuidado, la melodía finalmente les llegará, cuando todo es uno y uno es todo." ¿Acaso Robert Plant, un músico que admiro mucho, sabía lo que estaba escribiendo cuando compuso esta canción? ¿Qué es lo que tiene la música que nos conmueve? ¿Es acaso por el efecto de la letra inspiradora o por las vibraciones entre la música y las palabras? Yo no lo sé, pero ¿qué seríamos sin la música?

En definitiva, "Let it Be" y "Stairway to Heaven" son algunas de las grandes canciones de todos los tiempos. Esto es un testimonio a Su universalidad. María nos puede unir y ayudar a olvidar nuestras diferencias. Podemas acabar con la guerra, si dejamos que Ella sea parte de nuestras vidas y si escuchamos y seguimos Sus consejos.

Durante la guerra fría, cuando John F. Kennedy estaba enfrentado a Nikita Khrushchev, Premier (equivalente a presidente) de la Unión Soviética, por la remoción de los misiles nucleares en Cuba, el mundo estaba al borde de una guerra nuclear. Eran días de mucha tensión, la posibilidad de una tercera guerra mundial era muy alta. Al mismo tiempo, María estaba apareciendo ante tres niños en

---

7 Stairway to Heaven. En Wikipedia. Obtenido el 23 de Agosto, 2008 de http://en.wikipedia.org/wiki/Stairway_to_Heaven

Inmaculada Concepción y Pureza de Cuerpo

Garabandal, España. El escritor John Kirby, en su trabajo "The Affect of Higher Intelligences on Events in the Early 1960s" (La Influencia de Inteligencias Superiores en los Eventos de Principios de 1960), asocia la presencia de María, en este preciso momento en el mundo, como clave para evitar la guerra y encontrar una solución pacífica.

La cubierta de este libro proviene de una pintura que cuelga en mi habitación, en frente de mi cama y me encanta observarla mientras rezo el rosario. Se lo compramos a la artista que la pintó, Raisa Goltsin, que vive en el sur de Florida. A Beatriz y a mi nos gusta esta pintura porque retrata a María en la luz de la Madre Universal, como la Cuidadora de la Tierra. Raisa fue muy generosa al autorizarme a utilizarla para la cubierta de este libro. Para mí, esta pintura retrata el regreso de María, el resurgimiento de María para toda la humanidad.

María fue anunciada por Dios desde el principio del tiempo, por siglos se preparó Su llegada. Finalmente, Ella nació completamente pura, "llena de gracia", de una forma inmaculada, como Eva antes de la Caída. Ella se convirtió en la Nueva Arca de la Alianza, el recipiente en el cual en Hijo de Dios encarnaría. El Mesías podía ahora nacer "doblemente inmaculado". El templo en el cual viviría hasta el momento de su nacimiento era el más puro posible, y digno de El, el Hijo de Dios.

Capítulo 6

La Anunciación y la Concepción Virginal

María fue una niña precoz y aprendía rápido. A los tres años de edad ya leía y podía tener una conversación inteligente con los adultos. María quería entrar al Templo y servir a Dios desde el principio. No podía concebir otro estilo de vida para Sí misma, y estaba ansiosa por comenzar lo más pronto posible. Debido a su acelerado desarrollo y a sus deseos, Ana y Joaquín decidieron permitirle comenzar el servicio en el Templo a esa edad. Esta era una edad temprana para una niña.[1]

No era una decisión fácil el enviar a una niña al Templo, porque significaba no verla, si acaso, una vez al año. Los padres la entregaban a los sacerdotes del Templo y cedían sus derechos sobre como criar a la niña. No me puedo imaginar lo difícil que fue para Ana y Joaquín tomar esta decisión; habían estado esperando tanto por esta hija y en solo pocos años debían dejarla ir.

El proceso para entrar al Templo al servicio de Dios tampoco era fácil. La criatura debía ser aceptada por los sacerdotes del Templo. Estos la evaluaban exhaustivamente, a través de una serie de preguntas, para

---

1 *The Lowly*, I, 156

determinar si tenía la sabiduría y el alma apropiadas para el servicio en el Templo.

María era tan inteligente que no solo respondió adecuadamente a todas las preguntas, sino que excedió los requerimientos. Por ejemplo, María dijo que cuando ingresara al Templo, seguiría una dieta más estricta de lo requerido para así demostrar Su sacrificio a Dios. Al escucharla, Joaquín le suplicó que no se sometiera a un sacrificio tan duro. Sin embargo, la pequeña María estaba tan feliz de entrar al Templo que para Ella no parecía un sacrificio.

Durante los once años que Ella estuvo en el Templo, María vivió una vida feliz dedicada a la oración y al servicio a Dios. Entre otras tareas, tenía que lavar a mano la ropa, incluyendo las vestiduras de los sacerdotes. Durante este tiempo María no tenía idea que Ella sería la madre del Mesías. Por el contrario, estaba empeñada en vivir en el Templo una vida virginal dedicada completamente a Dios. Su mayor deseo era ver el nacimiento del anunciado Mesías durante su vida, y posiblemente asistir en cualquier forma a la madre de esta criatura.

A los catorce años, los sacerdotes le dijeron a María que debía abandonar el Templo y casarse. Esto era lo conveniente para Ella en este momento, ya que había una fuerte creencia de que el Mesías nacería de una de las descendientes de las vírgenes del Templo. María estaba destrozada, no podía creer que le estaban pidiendo que abandonara el Templo, y mucho menos que le estaban pidiendo que se casara.

María no tenía ningún interés en los hombres y no podía imaginarse a Sí misma casada con uno. Le pidió a Dios que la librara de este compromiso, porque sentía que el matrimonio La separaría de Él. Ella estaba segura que era un error dejar el Templo. Su único deseo era permanecer virgen y dedicar su vida a Dios.

A pesar de Sus súplicas, se le buscó un marido adecuado. Una vez más los sacerdotes hicieron lo que se había hecho con Su madre y Sus ancestros. Se pidió a los pretendientes que trajeran una rama al Templo, con su nombre escrito en ellas. La rama que floreciera sería la del futuro marido de María. Así, muchos pretendientes trajeron sus ramas, pero ninguna floreció.

Los sacerdotes buscaron en los archivos por alguno de los descen-

La Anunciación y la Concepción Virginal 91

dientes de David que no se hubiese presentado. Encontraron a uno de Belén, era José, que había renunciado al matrimonio por una vida de devoción a Dios. Sin embargo, los sacerdotes le ordenaron que viniera al Templo con su rama. Cuando estaba por poner su rama frente al Lugar Santísimo, ésta floreció con un hermoso lirio.

José, el hombre escogido para ser el esposo de María, era un judío devoto, de treinta años, que llevaba una vida ejemplar. Su padre era Jacobo y los padres de Jacobo vivían en una gran casa en las afueras de Belén. Esta fue la casa del Rey David, propiedad de su padre Jesé, aunque quedaba poco de la casa original. Éste es el mismo Jesé de la profecía de Isaías que decía que María vendría del árbol de Jesé [Isaías 11:1].

Al conocerse María y José, éste rapidamente La tranquilizó, diciéndole que respetaría Su deseo de permanecer virgen. Ninguno de los dos tenía idea que el Mesías les nacería. Ana, la madre de María, sabía que María sería la madre del Mesías, pero el ángel que le dijo que La concebiría, le ordenó guardar este secreto.

María y José comenzaron su vida de casados en Nazaret, viviendo en una casa que perteneció a Ana. José trabajaba como carpintero, mientras María cuidaba de la casa y del jardín. Ella le dedicaba mucho tiempo al jardín donde tenía muchas plantas y flores. Sus flores favoritas eran los lirios del valle. Anne Catherine Emmerich explica que María pasaba horas en el jardín en un estado de introspección, oración y meditación. José era un hombre práctico y terrenal, mientras María era una mujer espiritual y celestial, sin embargo, ambos se complementaban.

Meditación

En los capítulos previos he mencionado la importancia de encontrar tiempo para silenciar la mente y descubrir cuál es la voluntad de Dios para nosotros. Estoy seguro que María era capaz de mantener Su pureza y perfección porque permanecía en comunicación permanente con Dios. En Sus oraciones y meditaciones debió haber encontrado el lugar donde somos uno con Dios.

Lo primero que se necesita para que la meditación sea efectiva es una mente abierta. Los libros de Deepak Chopra tuvieron una profunda influencia en mi comprensión de las técnicas orientales y la meditación. Ayudaron a que mi mente racional encontrara una explicación razonable del porqué estas técnicas funcionaban. Chopra es un médico especializado en neurología, el estudio del sistema nervioso humano, del cual el cerebro es la parte principal. Chopra me ayudó a comprender el concepto de lo que él llama "el campo de la potencialidad pura", y como podemos usar nuestras propias capacidades para acceder al lugar de inspiración divina donde todo es posible.

Otro gran autor que recomiendo ampliamente, Wayne Dyer, habla en sus libros de la intención e inspiración y del papel de éstos en crear la vida que queremos. Cuando estamos claros sobre la intención de nuestras vidas y las atendemos en el silencio de nuestras mentes, utilizamos nuestro libre albedrío para crear el futuro que queremos. Si nuestras intenciones son para nuestro bien, el campo de potencialidad pura, como lo llama Chopra, manifestará nuestros deseos. Yo agregaría que si nuestras intenciones, o nuestro libre albedrío, están en sincronía con la voluntad de Dios, ellas se manifestarán rápidamente.

La meditación me ha ayudado a sincronizar mi libre albedrío con mi alma, y algunas veces esta voz interior puede ser sorprendentemente "clara y fuerte". Una vez, cuando meditaba, una fuerte voz masculina comenzó a hablarme como a casi un metro a mi izquierda. Me sentía tan deleitado por esta presencia, que temía abrir los ojos y perder este sentimiento maravilloso. Sin embargo, mi curiosidad ganó y miré sobre mi hombro izquierdo, seguro de que alguien estaba allí, pero no vi a nadie. Sin embargo, el mensaje que recibí era muy relevante para mi vida en ese momento.

Durante la meditación también he recibido imagines visuales, conceptos e ideas que después he puesto en práctica con buenos resultados. Ahora mientras estoy en meditación y oración le consulto a Dios sobre mis decisiones más importantes. Para meditar encuentro un lugar silencioso y dónde sé que no seré interrumpido, idealmente siempre el mismo lugar. Entonces me siento cómodamente, con mis piernas cruzadas, y trato de mantener mi espalda lo más derecha posible.

Entonces me concentro en mi respiración y trato de respirar pro-

La Anunciación y la Concepción Virginal 93

fundamente mientras hago mis oraciones. Visualizo mis centros de energía y me enfoco en cada uno de ellos individualmente, comenzando por los inferiores y yendo hacia arriba. Una vez que siento que mi cuerpo está relajado y abierto a la intervención divina, visualizo mi alma saliendo de mi cuerpo y encontrándose con María en el Cielo. Entonces fusiono mi cuerpo espiritual con el de María, siendo uno con Ella. Luego, nuestros cuerpos se fusionan con Dios, siendo uno con Él y con toda la creación. Ahora, me imagino a mi mismo estando aquí, allá y en todas partes, alcanzando los confines del universo.

Me quedo en este estado de conexión con lo divino por el mayor tiempo posible tratando de mantener mi mente libre de otras ideas y utilizando mi respiración para permanecer focalizado. Algunas veces es fácil, otras es más difícil, dependiendo de las distracciones y preocupaciones en mi vida u otras ideas que roban mi atención. Cuando un pensamiento errante aparece, lo reconozco y lo acepto, regresando lo más rápidamente posible a mi punto de calma.

La mayoría de las veces cuando estoy en este estado meditativo, no recibo mensajes o ideas. Pero cuando medito pidiendo una dirección generalmente recibo una respuesta al primer intento, siempre y cuando las condiciones sean apropiadas para la concentración y la quietud. Cada persona medita de una forma diferente, de hecho, creo que cada persona debería trabajar en su propia técnica, la que mejor le funcione.

Creo que es importante meditar por lo menos una vez al día y por al menos veinte o treinta minutos. Además de los conocidos beneficios, documentados científicamente, para la salud de nuestro cuerpo físico, seremos capaces de conectarnos con aquel espacio que Chopra llama el campo de la potencialidad pura, dónde, en mi opinión, podemos descubrir cuál es la voluntad de Dios para nosotros en esta vida.

María y Jesús practicaban la meditación. Esto es lo que María Valtorta registró sobre una conversación que el Cristo resucitado tuvo con los apóstoles sobre la meditación:

"¿Y no es la meditación la oración más activa? ¿Y no os he movido a la contemplación y meditación?, ¿No os he dado tema de meditación desde que me llegué a vosotros por el camino, moviendo vuestro corazón con verdaderos actos de santos sentimientos? Esta es la oración, oh hombres: ponerse en contacto con el Eterno y con las cosas que sirven para llevar el espíritu mucho más allá de la Tierra, y, a partir de la meditación de las perfecciones de Dios y de la miseria del hombre, del yo, suscitar actos de voluntad amorosa, o reparadora, siempre adoradora... [*El Evangelio*, X, Página 247]

Quizá un aspecto importante de esta discusión para los cristianos, es que la meditación es un gran complemento para el desarrollo espiritual. El paradigma de que si se es cristiano no se pueden realizar prácticas espirituales orientales, en mi humilde opinión, es erróneo. ¿Contemplación es aceptable, pero meditación no? El camino a la iluminación puede ser apoyado por aquellas técnicas y prácticas que, a través de los siglos, han demostrado ser efectivas en abrir nuestras almas y cerrar nuestras mentes para que podamos escuchar a Dios con más claridad.

La Anunciación

La iglesia celebra el 25 de Marzo la Anunciación, cuando el arcángel Gabriel se le aparece a María para anunciarle que Ella será la madre del Mesías. El Evangelio de Lucas habla de la anunciación muy detalladamente:

Al sexto mes fue enviado por Dios el ángel Gabriel a una ciudad de Galilea, llamada Nazaret, a una virgen desposada con un hombre llamado José, de la casa de David; el nombre de la virgen era María. Y entrando, le dijo: "Alégrate, llena de gracia, el Señor está contigo". Ella se conturbó por estas palabras, y discurría qué significaría aquel saludo. El ángel le dijo: "No temas, María, porque has hallado gracia delante de Dios; vas a concebir en el seno y vas a dar a luz un hijo, a quien pondrás por nombre Jesús. Él será grande y será llamado Hijo del Altísimo, y el Señor Dios le dará el trono de David, su padre;

La Anunciación y la Concepción Virginal

reinará sobre la casa de Jacob por los siglos y su reino no tendrá fin." María respondió al ángel: "¿Cómo será esto, puesto que no conozco varón?" El ángel le respondió: "El Espíritu Santo vendrá sobre ti y el poder del Altísimo te cubrirá con su sombra; por eso el que ha de nacer será santo y será llamado Hijo de Dios. Mira, también Isabel, tu pariente, ha concebido un hijo en su vejez, y este es ya el sexto mes de aquella que llamaban estéril, porque ninguna cosa es imposible para Dios." Dijo María: "He aquí la esclava del Señor; hágase en mí según tu palabra." Y el ángel dejándola se fue. [Biblia de Jerusalem, Lucas 1:26-38]

Anne Catherine Emmerich, a través de sus visiones, nos provee mayores detalles sobre este evento. Ella explica que María estaba en su casa en Nazaret poco después de Su matrimonio, con Su madre Ana que estaba de visita. Joaquín, el padre de María, ya había fallecido y Ana se había vuelto a casar. Con María estaban otras dos niñas como de Su edad y una prima de Ana. Gracias a la riqueza de Ana, ella podía proveer a María y José de muchas de las cosas que ellos carecían, y toda la casa había sido equipada para ellos. Durante todo el día estuvieron muy ocupados arreglando todas estas cosas nuevas.[2]

En la noche, después de cenar, María se fue a su cuarto, se vistió con un bata de oración larga de lana blanca y se cubrió la cabeza con un velo blanco amarillento. Se arrodilló y rezó fervientemente por un largo tiempo con su cara levantada al Cielo. De repente, alrededor de media noche, una masa de luz comenzó a bajar del techo de la habitación y aterrizó a su lado derecho. En medio de esta luz brillante estaba un joven con cabello rubio era el Ángel Gabriel.

El ángel, con sus manos gentilmente levantadas frente a su pecho, le habló a María. Yo vi las palabras como letras de luz brillante que salían de sus labios. María le respondió pero sin mirarlo. Entonces el ángel habló nuevamente y María, como en obediencia a sus órdenes, levantó un poco su velo y lo miró y dijo: He aquí la ser-

---

2 *The Lowly*, I, 193

vidora del Señor. Hágase en mí lo que has dicho."... Al decir María estas palabras... vi la aparición del Espíritu Santo. La semblanza era humana y toda la aparición estaba envuelta por un esplendor deslumbrante, como si estuviera rodeada por alas. Del pecho y las manos vi que salían tres chorros de luz. Estos penetraron el costado derecho de la Virgen Bendita y se unieron en uno bajo su corazón. En ese instante María se hizo perfectamente transparente y luminosa. Fue como si la opacidad hubiese desaparecido como la oscuridad ante ese diluvio de luz.

Mientras el ángel, y con él los chorros de gloria, desaparecían, vi por el camino de luz que llevaba al cielo, una lluvia de rosas semi marrones y pequeñas hojas verdes cayendo sobre María. Ella, completamente absorta en si misma, vio dentro de si al Hijo Encarnado de Dios, una perfecta y minúscula forma humana de luz con todos sus miembros, hasta los pequeños dedos. Fue alrededor de medianoche cuando vi este misterio. [*The Lowly*, I, 195]

Después que el ángel desapareció, María, que estaba envuelta en un profundo éxtasis, sabía que había concebido al Mesías, el Hijo del Altísimo. Dios estaba ahora en Su Templo. Cuando María dijo, "He aquí la servidora del Señor. Hágase en mí lo que has dicho", la Palabra entró en Ella y tomó posesión de Su Templo. María era ahora el Templo y la Nueva Arca de la Alianza. Ana y las otras mujeres entraron en la habitación de María porque había una gran conmoción en la naturaleza y una nube de luz había aparecido sobre la casa. Ana, que también había recibido la gracia del conocimiento interior, sabía lo que había pasado.

Fue la voluntad de Dios que su hijo naciera, después de nueve meses, del vientre de María y no que apareciera, recientemente creado, como un ser perfecto y hermoso. Dios ya había hecho esto con Adán y él *desobedeció*. Esta vez, Dios no quería correr riesgos y preparó el camino, a través de muchas generaciones, para que María pudiese ser la Madre del Mesías. Jesús no vino antes porque hasta ese entonces ninguna otra criatura había alcanzado la pureza requerida. No había nadie que

La Anunciación y la Concepción Virginal 97

pudiese convertirse en la Nueva Arca de la Alianza, el Templo digno de Dios, donde Él pudiese residir confortablemente.

Ahora podemos comprender mejor los esfuerzos de Dios para preservar la línea ancestral de Jesús, para protegerlos de las demás personas que habitaban la tierra. Las indicaciones de Dios a Josué cuando entraron a la Tierra Prometida fueron de matar a los habitantes de los pueblos que conquistaran, para que los israelitas no se casaran con otras razas y su nueva religión pudiese sobrevivir.

No hay forma de que los israelitas, desde Abraham hasta María, hubiesen sobrevivido sin la protección de Dios. Era práctica común durante varios miles de años antes de Cristo, que los conquistadores aniquilaran los pueblos y ciudades conquistadas. Era costumbre asesinar a los conquistados. En aquellos tiempos, la supremacía era débil, y solo era cuestión de tiempo la destrucción del conquistador. Para 150 A. C., solamente dos de las doce tribus de Israel habían sobrevivido.

Los sacrificios humanos y las relaciones sexuales con animales eran un problema en aquel tiempo. Recordemos que en aquel entonces, los no israelitas sacrificaban a sus propios hijos a sus dioses. Algunos de estos rituales eran terriblemente siniestros. La relación sexual con animales debió haber sido bastante frecuente para que la Ley de Moisés la prohibiera completamente, sino ¿por qué la mencionaría?

El Mesías debía venir de este mundo de total caos. ¿Cómo iba a ser posible si no aislando a un grupo de personas, educándolos, cuidándolos y protegiéndolos como hizo Dios? ¿Cómo podrían los esenios, los ancestros de María, haber alcanzado tan alto nivel de desarrollo espiritual si no por el hecho de haber evolucionado de una de las doce tribus de Israel y descendido de la casa de Judá, directamente del rey David?

En este contexto histórico talvez podamos comprender algunos pasajes del Antiguo Testamento y entender al Dios vengativo y castigador, definitivamente no el Dios con el que la mayoría de nosotros se identifica.

La obediencia de María tiene implicaciones enormes para la humanidad. Por primera vez desde la creación del hombre, un ser humano vivía en perfecta obediencia a Dios. Con Su compromiso y

Su vida perfecta, María se convirtió en la vasija de gracia prometida por Dios a la humanidad, la madre de la Palabra Encarnada desde el principio del tiempo. La vida perfecta y *obediente* de María no hubiese sido posible sin Su Inmaculada Concepción, que eliminó gran parte de la naturaleza pecadora de la humanidad. Su Inmaculada Concepción no hubiese sido posible sin la purificación de su línea ancestral, que hizo a sus padres dignos de la Palabra de Dios preservada en el Arca de la Alianza por los israelitas.

Al mismo tiempo, la concepción de Jesús fue una "segunda" Inmaculada Concepción, convirtiéndolo a El en doblemente puro. No hubiese sido posible para Jesús hacer lo que hizo si no hubiese sido concebido en esta forma absolutamente pura, con todo el material "Divino" que El necesitaba para Su misión. Por tanto, solo María y Jesús nacieron con la condición de "llenos de gracia," la condición que tenían Adán y Eva antes de la Caída.

Mientras que Eva y Adán *desobedecieron* a Dios, María y Jesús siempre Lo *obedecieron* perfectamente y, al hacerlo, anularon el pecado de Eva y Adán. María, el aspecto femenino de la humanidad, vino primero y anuló a la primera pecadora, Eva. Jesús vino luego, el aspecto masculino de la humanidad, y anuló el pecado de Adán, finalizando la Redención de la humanidad.

María y Jesús son los primeros seres humanos, sobre la faz de la tierra, capaces de controlar su libre albedrío y utilizarlo para su beneficio, para trascender más allá del plano físico. Al hacerlo, nos han mostrado el camino. Se han convertido en un ejemplo viviente de lo que es buscar la perfección de Dios.

Cuando María dijo, "Hágase en mí lo que has dicho" [Lucas 1:38], Ella tenía la opción de decir que no. Su libre albedrío le permitía responder negativamente, pero en perfecta *obediencia* a Dios, Ella escogió decir que sí, como lo había hecho desde Su nacimiento. De hecho, María Valtorta explica que los cielos esperaban ansiosos la respuesta de María, porque no estaban seguros de que Ella respondería afirmativamente. Si María hubiese dicho que no, la Redención de la humanidad hubiese sido retrasada quien sabe hasta cuando.

La Anunciación y la Concepción Virginal

Este acto aparentemente simple era en realidad bastante complicado, porque María no solo recibió la buena nueva de concebir el Hijo de Dios, sino que también recibió la triste noticia de cuan difícil sería su periplo y cuanto Ella iba a sufrir por Él. Más aún, María se arriesgaba a ser apedreada a muerte si la noticia era malinterpretada por José y la gente de Nazaret. En aquel tiempo era costumbre apedrear a una mujer que le era infiel a su marido.

Hasta ahora, solo Ana tenía la gracia de saber que la Palabra había Encarnado en María y que era el deseo de Dios mantenerlo en secreto. Días más tarde cuando José regresó a casa en Nazaret, María no le dijo nada. Aun cuando Ella quería decirle, mantuvo humildemente el secreto de Dios.

María le pidió a José que La llevara a visitar a Su prima Isabel, porque supo por el ángel que Isabel tenía seis meses de embarazo y tenía muchas ganas de verla. Isabel estaba casada con Zacarías y vivían en Judá cerca de Hebrón, a unos pocos días de Nazaret.

La Visitación

Zacarías e Isabel eran mucho mayores que José y María. Zacarías era sacerdote del Templo cuando el ángel Gabriel se le apareció y le dijo que su esposa Isabel concebiría un hijo al que llamarían Juan y que precedería al Mesías [Lucas 1:11—20]. Más tarde este niño sería Juan El Bautista. Como Zacarías no creyó lo que le dijo el ángel, porque su mujer era vieja y estéril, éste le dijo que perdería la voz hasta que Juan naciera.

Cuando María llegó a la casa de Zacarías y saludó a Isabel en lo que se describe como "La Visitación," el bebé en el vientre de Isabel inmediatamente sintió la presencia del Señor en el vientre de María.

Al oír Isabel su saludo, el niño dio saltos en su vientre. Isabel se llenó del Espíritu Santo y exclamó en alta voz: "Bendita eres entre todas las mujeres y bendito es el fruto de tu vientre. ¿Cómo he merecido yo que venga a mí la madre de mi Señor? Apenas llegó tu saludo a mis oídos, el niño saltó de alegría en mis entrañas. ¡Dichosa por haber creído que de cualquier manera se cumplirán las promesas del Señor!" [Lucas 1: 41—45].

Después de esto, María comenzó a cantar el Magníficat, también conocido como el Canto de María, que tienen sus orígenes en esta Visita. El Magníficat es un cántico que se canta frecuentemente o se habla litúrgicamente en las misas cristianas, incluyendo la católico-romana, la anglicana y la protestante. El Magníficat es una expresión de gratitud a Dios por el cumplimiento de la bendición y las promesas a los israelitas. El texto de este cántico proviene del Evangelio de Lucas [Lucas 1:46—55] y actualmente se utiliza en la adoración de la siguiente forma:

El Magníficat
Celebra todo mi ser la grandeza del Señor
y mi alma se alegra en el Dios que me salva
porque quiso mirar la condición humilde de su esclava,
en adelante, pues, todos los hombres dirán que soy feliz.
En verdad el Todopoderoso hizo grandes cosas para mi
reconozcan que Santo es su nombre
que sus favores alcanzan a todos los que le temen
y prosiguen en sus hijos.
Su brazo llevó a cabo hechos heroicos.
Arruinó a los soberbios con sus maquinaciones.
Sacó a los poderosos de sus tronos
y puso en su lugar a los humildes
repletó a los hambrientos de todo lo que es bueno
y despidió vacíos a los ricos
de la mano tomó a Israel, su siervo
demostrándole así su misericordia.
Esta fue la promesa que ofreció a nuestros padres y que
    reservaba a Abraham
y a sus descendientes para siempre. [Lucas 1:46-55]

La Anunciación y la Concepción Virginal 101

Cuando pensamos en lo que le acaba de ocurrir a María, hay que reconocer Su gran humildad al recibir el reconocimiento de Isabel. Cualquier otro ser humano, especialmente a los catorce años, habría pensado que era especial y que había sido elegida. Pero María, en una actitud muy humilde, no le responde a Isabel sino que empieza a recitar el Magníficat.

Lo primero que hace María en el Magnificat es reconocer la grandeza de Dios y como Ella es salvada por El. Luego se refiere a Sí misma como "su humilde esclava", no como una persona que ha trabajado duro para ganarse el reconocimiento de Dios. Veremos esta humildad en María a través de toda su vida, a pesar de saber que Ella concibió al más grande ser humano de todos los tiempos. Bastante admirable cuando uno lo piensa.

Desde un punto de vista histórico, desde el principio de la cristiandad, la gente creía en la Concepción Virginal de Jesús. Muchos escritos de los apóstoles, de los padres de la iglesia, la tradición oral y la fe establecida lo confirmaban. Antes del siglo cuarto algunos pensadores desafiaron la Concepción Virginal, pero la iglesia los descartó. Después de éstos, no ha habido desafíos formales que la iglesia haya tenido que censurar.

En 431 D.C., el Concilio Ecuménico de Efeso (Turquía moderna) fue convocado para debatir las enseñanzas controversiales de Nestorius, obispo de Constantinopla. En este Concilio se decretó que María era Theotokos (palabra griega para paridora de Dios, o la que da a luz a Dios) porque Su hijo Jesús es una persona que es hombre y Dios a la vez, divino y humano.[3]

La Concepción Virginal de Jesús no fue desafiada. Nestorius preguntaba como Jesús, siendo parte hombre, no podría ser parcialmente pecador, ya que por definición, el hombre es pecador desde la Caída. La posición de Nestorius fue derrotada en este Concilio, no sólo confirmaron a María como la paridora de Dios, sino que también fue ratificada la Concepción Virginal.

---

3 Theotokos. En Wikipedia. Obtenido 24 Agosto, 2008 de http://en.wikipedia.org/wiki/Theotokos

Hoy en día todas las diferentes sectas cristianas aceptan la Concepción Virginal de Jesús. Lo que varía de una secta a la otra es como se venera a María, la religión católica es la más activa en Su veneración.

La Concepción Virginal de Jesús no es lo mismo que la Virginidad Perpetua de María, que es como la religión católica define este dogma. La Virginidad Perpetua de María incluye la Concepción Virginal de Jesús, pero también establece que María permaneció virgen hasta su muerte. Este es el punto donde las diferentes sectas cristianas difieren. Más adelante revisaremos esto, después del nacimiento de Jesús y del tema de si María tuvo o no otros hijos.

María e Isabel no dijeron nada a José y Zacarías sobre el embarazo de María. José regresó a Nazaret y María se quedó con Isabel por tres meses hasta que nació Juan el Bautista. Zacarías, como lo anunció el ángel, milagrosamente recobró el habla durante la circuncisión de Juan [Lucas 1:63].

Eventualmente María debía regresar a su hogar en Nazaret, y con tres meses de embarazo, Ella debe enfrentar a José. ¿Qué debía decirle? ¿Cómo le explicaría su condición? ¿El le creería? Estos pensamientos debieron mortificar a María durante el viaje.

Cuando vio la condición de María, José se perturbó profundamente. El no sabía nada de la Anunciación porque María seguía guardando el secreto de Dios.

José, su esposo, era un hombre excelente, y no queriendo desacreditarla, pensó firmarle en secreto un acta de divorcio. Estaba pensando en esto, cuando el ángel del Señor se le apareció en sueños y le dijo: "José, descendiente de David, no temas llevar a tu casa a María, tu esposa, porque la criatura que espera es obra del Espíritu Santo. Y dará a luz un hijo, al que pondrás el nombre de Jesús, porque él salvará a su pueblo de sus pecados. Todo esto ha pasado para que cumpliera lo que había dicho el Señor por boca del profeta Isaías:

"Sepan que una virgen concebirá y dará a luz un hijo y los hombres lo llamarán Emanuel, que significa: Dios-con-nosotros." Con esto, al despertarse José, hizo lo que el ángel del Señor le había ordenado

La Anunciación y la Concepción Virginal   103

y recibió en su casa a su esposa. Y sin que tuvieran relaciones, dio a luz a un hijo al que José puso el nombre de Jesús. [Mateo 1:19—25]

En los escritos de María Valtorta escuchamos las palabras de María describiendo Sus momentos difíciles, los que Ella llama Su primera Pasión. Ella sentía un profundo tormento en Su alma porque no podía decirle a José lo que había pasado con el ángel de Dios:

¡Oh, nuestra primera Pasión! ¿Quién podrá referir su íntima y silenciosa intensidad, y mi dolor al constatar que aún no me había llegado del Cielo la ayuda que esperaba, de revelarle a José el Misterio?...

...¿Quién podrá exponer con exacta verdad el dolor de José, sus pensamientos, la turbación de sus sentimientos? El se encontraba, cual barquichuela en medio de una gran tempestad, en un remolino de ideas contrapuestas, en un torbellino de reflexiones a cuál más mordiente y penosa. Era un hombre aparentemente traicionado por su mujer. Veía que se derrumbaban juntos su buen nombre y la estima del mundo; por causa de Ella se veía ya señalado con el dedo y compadecido por el pueblo. Ante la evidencia de un hecho, veía caer muertos el afecto y la estima puestos en mí...

...Si hubiera sido menos santo, hubiera actuado humanamente, denunciándome como adúltera para que me hubieran lapidado y pereciera conmigo el hijo de mi pecado. Si hubiera sido menos santo, Dios no le habría concedido la guía de su luz en tan ardua prueba. Pero José era santo. Su espíritu puro vivía en Dios. [*El Evangelio*, I, Página 127]

Si El no me hubiera dicho: "¡Calla!", quizás habría osado, con el rostro en tierra, decirle a José: "El Espíritu ha penetrado en mí y llevo la semilla de Dios". El me habría creído, porque me estimaba y además porque, como todos los que nunca mienten, no podía creer que otro mintiera. Sí, con tal de no causarle un dolor subsiguiente, yo habría vencido la reticencia a proporcionarme a mí misma esa alabanza. Mas, presté obediencia al mandato divino. A partir de ese momento, y durante meses, sentí esa primera herida que me ensangrentaba el corazón. [*El Evangelio*, I, Página 95]

Cuando finalmente José supo la verdad del embarazo de María, le pidió que lo perdonara por haber querido dejarla. Esto es lo que María le respondió y cómo fue la conversación con José:

"No tengo nada que perdonarte. Es mas, te pido yo perdón por el dolor que te he causado" [María dice] ¡"Oh, dolor sí que fue! ¡Cuánto dolor! Fíjate, esta mañana me han dicho que tengo las sienes canosas y arrugas en la cara. ¡Estos días han significado más de 10 años de vida! Pero, María, ¿por qué has sido tan humilde de celarme a mí, tu esposo, tu gloria, y permitirme que sospechara de ti?"

José no está de rodillas, pero sí tan curvado que es como si lo estuviera. María le pone su manita en la cabeza, y sonríe. Parece como si le absolviera. Dice:"Si no lo hubiera sido de modo perfecto, no habría merecido concebir al Esperado, que viene a anular la culpa de soberbia que ha destruido al hombre. Y además no he hecho sino obedecer...Dios me pidió esta obediencia...Me ha costado mucho... por ti. Por el dolor que te produciría...pero, tenía que obedecer. Soy la Esclava de Dios, y los siervos no discuten las órdenes que reciben; las ejecutan, José, aunque provoquen lágrimas de sangre."

María, mientras dice esto, llora silenciosamente, tan silenciosamente que José, agachado como está, no lo advierte hasta que no cae una lágrima al suelo. Entonces, levanta la cabeza y—es la primera vez que le veo hacer este gesto—aprieta las manitas de María entre las suyas, oscuras y fuertes, y besa la punta de sus rosados y delgados dedos, de esos dedos que sobresalen del anillo de sus manos como capullos de melocotonero. [*El Evangelio*, I, Página 130]

Por suerte para nosotros, María le dijo que sí al Espíritu Santo y José aceptó la concepción milagrosa. Obedientemente ambos aceptaron la voluntad de Dios y permitieron que, sin más demoras, el curso de la historia trajera la Redención a la humanidad.

Capítulo 7

EL TIEMPO DE DIOS

La vida de María en Nazaret se desarrolló normalmente una vez que José supo que Ella daría a luz al Mesías. Jesús hubiese nacido en Nazaret de no haber sido por el ángel de Dios que se le apareció y le dijo que llevara a María a Belén porque la criatura debía nacer allí.

A continuación resumo la narración detallada de Anne Catherine Emmerich sobre esta parte de la vida de María.

El ángel les explicó que debían llevar solo lo necesario y dos animales, un burro sobre el cual iría María y otra burra de un año. Esta hembra debía estar suelta y debían seguirla a donde fuera. En aquel tiempo, el Rey Herodes había decretado el censo y todos los habitantes debían registrarse en su pueblo natal, así que mucha gente estaba viajando de un lugar a otro. José había pensado hacer esto después del nacimiento del bebé ya que María estaba en su noveno mes y un viaje así de largo no podía ser bueno para Ella.

Al día siguiente José y María empacaron lo necesario y comenzaron su viaje de diez días. Es difícil de imaginar que María y José no cuestionaran la voluntad de Dios, a pesar del momento absurdo de Su petición. Fue un viaje difícil porque María estaba al final de Su noveno mes de embarazo. Ella caminaba y cabalgaba sobre el burro, pero tenían que hacer muchas paradas para descansar. Además, la burra escogió caminos que no eran las rutas más rápidas o fáciles hacia Belén. Al llegar a Belén, el embarazo de María estaba llegando a su término y Ella sabía que no quedaba mucho tiempo. José le aseguró que encontrarían un lugar adecuado para que Ella diera a luz, porque él conocía mucha gente en Belén. Estaba seguro de conseguir ayuda porque era su pueblo natal. Al llegar a la ciudad, José fue de casa en casa pidiendo ayuda, explicando que su esposa estaba a punto de dar a luz, pero nadie los ayudó. Era la voluntad de Dios que la criatura naciera en la extrema sencillez y no en una casa.

Finalmente, después de muchos intentos y mucha frustración, José decidió llevar a María a una cueva que él conocía de su infancia. La cueva era lo suficientemente grande como para acomodar a María en un área y para que José se acomodara en otra. Después de asegurarse que había dejado a María de la mejor forma posible, José regresó al pueblo a buscar una partera. María ya estaba lista para dar a luz.

Ya era de noche y María estaba arrodillada rezando, cuando un rayo de luz comenzó a descender hacia Ella desde un hueco que había sido abierto en el techo de la cueva. El rayo de luz venía del cielo e iluminaba toda el área, envolviendo a María. Al ver este milagro, la partera y José se arrodillaron y comenzaron a bendecir a Dios. María se paró y la luz La rodeo completamente por un rato. Cuando la luz comenzó a disiparse, María tenía un bebé en sus manos.[1]

Definitivamente, era una forma diferente de dar a luz. Las visiones de María Valtorta sobre el nacimiento de Jesús son prácticamente idénticas.

> La luz aumenta cada vez más. El ojo no la resiste. En ella desaparece, como absorbida por una cortina de incandescencia, la Virgen...y emerge la Madre.

---

1 *The Lowly*, I, Page 226

Sí. Cuando mi vista de nuevo puede resistir la luz, veo a María con su Hijo recién nacido en los brazos. [*El Evangelio*, I, Página 144]

En las visiones de Anne Catherine Emmerich y María Valtorta, Jesús nace de manera sobrenatural, de la misma forma que nació María. La virginidad de María fue, por tanto, preservada después del nacimiento de Jesús. A esto se le llama el Nacimiento Virginal de Jesús.

En tierras lejanas, los astrónomos habían estado observando el cielo llegando a la conclusión de que sus profecías estaban por cumplirse. Un niño nacería de una virgen y se convertiría en el más poderoso rey de la tierra y guiaría a los hombres más cerca de Dios. Desde tres diferentes reinos, tres reyes comenzaron su travesía, siguiendo una estrella brillante, para llevar regalos y adorar al rey recién nacido. Este evento astronómico inusual debió haber sido muy significativo y visible a todos, pero probablemente solo los estudiosos de las estrellas podían reconocer el significado del mismo.

Los tres hombres sabios siguieron la estrella que por varias semanas los guió directamente a la cueva del nacimiento en Belén. Cuando llegaron estaban muy sorprendidos, estaban esperando llegar a un palacio digno de un rey, no a una cueva. Sin embargo, comprendieron que era la voluntad de Dios que este niño naciera en la forma más humilde.

Después de entregar los regalos al rey recién nacido y de honrar a sus padres, los tres hombres sabios pasaron la noche en su campamento. Al siguiente día se fueron muy temprano por otro camino para no pasar por Jerusalén. Sabían que no podían permanecer allí, un ángel les había avisado de las intenciones del Rey Herodes si regresaban por Jerusalén.

El Rey Herodes había estado esperando por el regreso de los tres hombres sabios para que le informaran donde estaba el recién nacido, y cuando se dio cuenta que no vendrían, se puso furioso. Herodes ordenó a las tropas romanas que asesinaran a todos los varones menores de dos años. El ángel de Dios una vez más se le apareció a José y le dijo que debía abandonar Belén de inmediato e ir a Egipto, donde el niño estaría a salvo.

Después que partieron los magos, el Angel del Señor se le apareció en sueños a José y le dijo: "Levántate, toma al niño y a su madre, y huye a Egipto. Quédate allí hasta que yo te avise; porque Herodes buscará al niño para matarlo." José se levantó, tomó de noche al niño y a su madre y se retiró a Egipto. Permaneció allí hasta la muerte de Herodes. De este modo se cumplió lo que había dicho el Señor por boca del profeta: *Yo llamé de Egipto a mi hijo.* [Mateo 2:13—15].

Nuevamente, me parece sorprendente la obediencia de José y María. ¿Que madre aceptaría viajar poco antes de dar a luz y después, nuevamente, con un recién nacido? Sabían que el viaje a Egipto era largo, no era como ir a un pueblo cercano. Este viaje tomaría muchos días más que el viaje a Belén. Así y todo hicieron lo que el ángel del Señor les había ordenado. Era la voluntad de Dios.

Cuando salieron de Nazaret hacia Belén, María y José se fueron de inmediato llevando pocas cosas. Ahora, para el viaje a Egipto, también se fueron sin nada, sólo con lo que quedaba de los regalos de los hombres sabios, lo demás lo habían dado a caridad.

La masacre de los niños de Israel es recordada por la mayoría de la gente, aún por aquellos con poca educación religiosa. Es difícil comprender que el Rey Herodes tomara una medida tan cruel, pero sí sucedió y muchos niños fueron asesinados. Juan el Bautista, que tenía seis meses más que Jesús, fue llevado por su madre hacia las tierras salvajes. Isabel había sido alertada por un mensaje de María y José. Debido a la alta posición de Zacarías en Israel, el Rey Herodes creía que el niño prometido podría ser el de él. Zacarías fue perseguido por los romanos, y lo asesinaron por no revelar el lugar a donde Isabel se había ido con el bebé.[2]

Isabel y el pequeño Juan también recibieron ayuda divina mientras estuvieron en las tierras salvajes. Después de muchos días, Isabel regresó a casa y encontró a Zacarías muerto, pero Juan se quedó y creció en la naturaleza con los animales. Usaba piel de oveja y se alimentaba con lo que proveía la naturaleza. Su madre lo visitaba a menudo y él de vez en

---

2 *The Lowly*, I, 320

El Tiempo de Dios					109

cuando la visitaba a ella, pero siempre regresaba a vivir en la soledad de la naturaleza. Sabemos que más tarde Juan comenzó a bautizar a la gente en el río Jordán, preparando el camino para la misión de Jesús.

Siempre me he preguntado que hubiese pasado si María y José se hubieran quedado en Nazaret. Fíjense como ocurren milagros cuando seguimos la voluntad de Dios, aun cuando nuestras vidas no estén libres de infortunios. Recuerdo una vez que recibí ese llamado y no seguí inmediatamente la voluntad de Dios, sucedió el 30 de Noviembre del 2007. Ya vivía en Sedona y viajaba a Miami frecuentemente para asistir a mi trabajo.

El 2007 fue un año lleno de cambios en mi vida. Como ya lo mencioné, los vientos de cambio habían comenzado en el 2006, cuando Beatriz y yo sentimos el llamado de Dios a salir de Miami, lo que nos llevó a Sedona. También había sentido la necesidad de dejar mi trabajo y el impulso de seguir la voluntad de Dios para mi vida, que era escribir este libro. Había decidido renunciar a finales de Junio del 2008.

Pero yo no estaba escuchando a Dios con cuidado. Mi tiempo no era Su tiempo. En Noviembre del 2007, los vientos de cambio se convirtieron en un tornado. Tal y como los tornados aparecen de la nada y dejan una estela de destrucción, tuve una experiencia que ciertamente me impulsó a realizar los cambios antes de Junio del 2008.

La noche del 30 de Noviembre tuve un accidente de tránsito enorme que casi me cuesta la vida—probablemente me costó la vida, pero me dieron otra oportunidad. Después de un largo viaje, manejaba de regreso a casa tarde en la noche desde el aeropuerto de Phoenix. Había sido una semana agotadora. Viajé el lunes anterior a nuestra oficina en Brasil, regresé el jueves en la noche, trabajé todo el día en la oficina de Miami y tomé el avión a Phoenix al final de la tarde.

Estaba escuchando un programa en la radio cristiana sobre soltar el control y permitir a Dios conducir nuestras vidas. Explicaban que mientras pensamos que hemos colocado nuestras vidas en las manos de Dios, en realidad probablemente no lo hemos hecho. Hacemos las cosas que queremos en vez de las que Dios quiere que hagamos. Este mensaje me llegó. Todos estos años había estado tratando de hacer justamente eso, escuchar a Dios y seguir su voluntad. Pero mientras escuchaba el programa me daba cuenta de cuan lejos estaba aun de alcanzar esa meta.

Al final del programa había una corta plegaria, donde se nos pedía que repitiéramos en voz alta nuestra promesa de permitir que Dios realmente se hiciera cargo de nuestras vidas. Realicé la oración con todo mi corazón, pero al mismo tiempo pensaba "¿Oh, en qué me estoy metiendo? ¿Qué sorpresas gratas e ingratas me traerá esta oración? Seguir la voluntad de Dios no es fácil, es "el camino menos transitado."

Pues no habían pasado ni tres minutos cuando sin causa aparente, perdí el control de mi camioneta Toyota Tundra. Viajaba por el canal izquierdo con el control de velocidad en setenta millas en una zona de velocidad de setenta y cinco millas por hora, perfectamente despierto y en una recta. De repente, sin ningún movimiento de mi parte, el vehículo comenzó a deslizarse en el pavimento. Había estado lloviznando y la carretera estaba un poco mojada así que no quería tocar los frenos. Desafortunadamente, no desconecté el control automático de velocidad por lo que la camioneta seguía acelerando para mantener constante la velocidad programada.

Toda la inercia de este pesado vehículo se dirigía directamente hacia el costado derecho de la autopista, donde había un barranco, y no había forma de recuperar el control. Sabía que moriría en el acto o terminaría en una sala de emergencia gravemente herido. Me acercaba al borde del camino y ya que no había nada que pudiese hacer, cerré los ojos, solté el volante y dije: "Dios en Tus manos."

El primer golpe fue increíblemente fuerte y no pude reprimir un grito de miedo mientras mantenía mis ojos cerrados. El vehículo se volteó y rodó con terribles ruidos de destrucción. Mi cuerpo era agitado en todas las direcciones pero mi cinturón de seguridad me mantuvo firmemente amarrado al asiento. Tenía los ojos fuertemente cerrados y estaba seguro que la camioneta se había salido del camino y estaba rodando por el barranco. Sentía que si abría los ojos, no per

El Tiempo de Dios

mitiría que Dios me hiciese el milagro. Y si, necesitaba un milagro para salir vivo de ésta.

Después de lo que pareció un largo tiempo, pero que debió haber sido solo unos pocos segundos, el vehículo se detuvo. Con miedo abrí mis ojos y me dí cuenta que aún estaba vivo. No sentía dolor alguno, pero era probablemente por la adrenalina. Pensé que en cualquier momento comenzaría a sentir el dolor. Me revisé por todos lados para ver dónde podría estar la sangre y las heridas, pero no encontré ninguna. Finalmente, para mi asombro, me dí cuenta de que estaba completamente ileso. ¡Era increíble! ¡Sorprendente!

Miré por la ventana y descubrí que el vehículo estaba sobre sus cuatro ruedas atravesado en el medio de la autopista. Era tarde en la noche por lo que había muy poco tráfico, pero podía ver en la distancia las luces de un vehículo acercándose. Tenía que salir de ahí. Mi primer instinto fue salir del vehículo cuando sentí que el motor todavía estaba funcionando... otra sorpresa. Metí el retroceso y logré sacar el Tundra hasta el costado de la carretera. Pensé en ese momento. "Wow! Que buenos vehículos hace la Toyota."

Mientras escribo estas líneas, dos de los tres grandes fabricantes de vehículos de Estados Unidos, General Motors y Chrysler, tienen problemas financieros y están pidiendo al gobierno un préstamo por US$50 billones, mientras otros fabricantes parecen estar bien. Muchos de los vehículos de alta calidad son fabricados en los Estados Unidos por la competencia. Por décadas, estas dos grandes compañías se han quedado rezagadas frente a Toyota y a otras marcas bien establecidas en lo referente a calidad. Así que con razón estas compañías tienen problemas.

Una vez estacionado en zona segura, cerré los ojos, respiré profundo y le agradecí a Jesús y a María por lo que sentía que era otra oportunidad. Por segunda vez mi vida era perdonada. Dios me había dado una clara demostración de lo que sucede cuando ponemos nuestra vida en Sus manos: El puede realizar milagros. Sentí fuertemente en mi corazón que si hubiese abierto los ojos, la realidad hubiese sido diferente. Verán, mi vehículo estaba completamente destruido y yo no tenía ni un rasguño. Generalmente me rasguño cuando trabajo en el jardín o hago alguna tarea doméstica, pero después de este terrible accidente no tenía ninguna herida, ni siquiera menores... nada. Mientras esperaba la llegada de ayuda, seguía con mis pensamientos y me puse a orar. Fue evidente para mí en ese momento que Dios me estaba diciendo que tomara la decisión valiente: renunciar ahora, cerrar mis ojos y confiar. Debía dejar este trabajo y confiar en que Dios estaría allí para mí. Debía confiar en que las cosas resultarían bien. Sin embargo, las dudas me atormentaban.

¿Si renuncio como haremos para mantenernos? ¿Cómo pagaremos la hipoteca, los carros, las escuelas y las tarjetas de crédito? ¿Estaba listo para dejar un cargo de alto poder, con prestigio y reconocimiento? ¿Cómo me afectaría esto personalmente? ¿Cómo lo verían mis socios? ¿Sentirían que los estoy abandonando en un mal momento? ¿Y mi familia y mis amigos? ¿Me verían raro y pensarían que estoy loco?

Todas estas preguntas y miedos llenaban mi mente, y no tenía respuestas tranquilizadoras a ninguna de ellas. Así que no pude convencerme de renunciar inmediatamente. Esta decisión debía esperar. No estaba siguiendo las instrucciones de Dios, a pesar que El me estaba hablando claro y fuerte. Eso es lo admirable de María y José; ellos son tan obedientes. A pesar de las extrañas peticiones de Dios, ellos hacen lo que El les pide, sin excusas o demoras. Creo que es muy admirable.

El camino que la Sagrada Familia siguió a Egipto no estaba libre de peligros. Un día fueron atacados por ladrones, pero algo detuvo el ataque y la Sagrada Familia fue llevada a la casa de uno de los ladrones donde les dieron albergo. La criatura más pequeña de esta pareja tenía una extraña enfermedad que le cubría el cuerpo con una alergia o irritación. Esta criatura más tarde participaría en otro episodio relacionado con Cristo. El sería uno de los ladrones crucificados al lado de Jesús. El fue el que le pidió a Jesús que intercediera por él ante Dios. María le dijo a la madre de la criatura que lo bañara en la misma agua donde ella bañaría a Jesús. La madre lo hizo y la criatura fue curada. Este fue el

El Tiempo de Dios 113

primer milagro de los poderes curativos de Jesús.[3]

Otro episodio interesante durante el viaje a Egipto es aquel en que la Sagrada Familia se encontró en medio de la nada sin agua. María y José le rezaron a Dios pidiéndole ayuda, y una fuente de agua apareció en ese lugar, que existe hasta el día de hoy. Así fue, como con mucha ayuda de arriba, la Sagrada Familia con un recién nacido pudo realizar y sobrevivir este difícil viaje a Egipto.

Después de muchos días, llegaron a Heliopolis en Egipto.[4] La ciudad era decadente porque Egipto ya no era un reino fuerte. La gente vivía sin muchas esperanzas y había sucumbido a estilos de vida pecaminosos. Cuando la Sagrada Familia entró en la ciudad sucedieron varios eventos especiales que hicieron que la gente les temiera. La primera sucedió cuando caminaban por la calle; colapsó uno de los pilares o altares de uno de los dioses egipcios, destruyendo completamente la imagen. Después, al pasar en frente del templo, otra figura dentro del templo colapsó y fue destruida.

La Sagrada Familia había dado en caridad la mayoría de los tesoros que le habían traído a Jesús los tres magos, pero guardaron una pequeña parte que les permitió pagar por una residencia en Matarea, el lugar donde la familia finalmente se estableció. El lugar que seleccionaron era extremadamente pobre y simple y no tenía agua. En las cercanías había un pozo que se había secado muchos años antes, pero tan pronto María se aproximó comenzó a circular el agua nuevamente. Esto ayudó enormemente a la Sagrada Familia porque así no tendrían que buscar el agua en sitios lejanos y María podría bañar al niño Jesús y darle el cuidado adecuado.

Los talentos de José como carpintero fueron bien recibidos en Egipto dónde no tenía competencia, por lo que pudo generar ingresos rápidamente para sostener a su familia. La Sagrada Familia se quedó en la misma casa durante toda su estadía en Egipto. Podían practicar libremente su religión y otras familias judías que vivían en las cercanías se les unían.

---

3 *The Lowly*, I, 297
4 *The Lowly*, I, 301

Después de cuatro años, el ángel de Dios le informó a José que podían regresar a Nazaret. María y José no podían contener su felicidad porque estaban ansiosos por regresar a su tierra natal. Empacaron rápidamente y comenzaron su travesía de regreso. Jesús tenía cuatro años de edad y ya podía caminar.

Al parecer después de que la Sagrada Familia regresó a Nazaret, las cosas se calmaron. Su vida transcurrió normalmente por primera vez en muchos años. Después de todo por lo que habían pasado, esto debió ser un verdadero alivio para María y José

Considerando que Ana, la abuela de Jesús, descendía de los esenios y que los esenios de Monte Carmelo venían de Nazaret, no es de extrañar que a Jesús, desde temprana edad, le fueran inculcadas sus costumbres. Más tarde, muchas de estas prácticas serían enseñadas por Jesús, incluyendo, entre otras, el concepto de vida después de la muerte, la necesidad de vivir vidas simples y de compartir la riqueza con los pobres y no sacrificar animales.

Cuando Jesús comenzó su ministerio a la edad de treinta años, José ya había fallecido y María vivía sola. No había forma que José, siendo un hombre tan terrenal, hubiese sido capaz de soportar lo que vendría durante el ministerio de Jesús, así que Dios se lo llevó antes que todo eso sucediera. María, en cambio, estaba hecha para soportar todo el dolor, sufrimiento y humillación que estaban por venir.

¿Tuvo María Otros Hijos?

Para el segundo siglo D.C., la Virginidad Perpetua de María fue bien establecida en la fe, transmitida oralmente por siglos, lo que significa que María era virgen antes, durante y después de dar a luz. Origen (185—254 D.C.), un erudito cristiano y teólogo y uno de los más distinguidos padres de la iglesia cristiana, en su *Comentario sobre Mateo*, se refiere explícitamente a su creencia en la virginidad perpetua de María.

> Esta Madre Virgen la procreada únicamente para Dios, se llama María, digna de Dios, inmaculada de inmaculada, una de uno.
> [Origen, Homily 1(244 AD), en ULL, 94]

El Tiempo de Dios

La posición de la iglesia católica romana es muy clara y nunca ha cambiado: María vivió y murió virgen. Esta posición es apoyada por las iglesias ortodoxas occidentales y orientales. Martín Lutero y sus contemporáneos estaban de acuerdo con la Virginidad Perpetua de María. Sin embargo, muchos protestantes liberales no lo estaban. Martín Lutero dijo: "Durante y después del nacimiento, como había sido virgen antes del nacimiento, así permaneció." La posición contraria que asegura que María tuvo otros hijos se basa en las referencias que el Nuevo Testamento hace de los "hermanos y hermanas" de Jesús.

¿No es este el carpintero, el hijo de María y el hermano de Santiago, José, Judas y Simón? Y sus hermanas, ¿no viven aquí entre nosotros? [Marcos 6:3]

¿No es el hijo del carpintero? ¿No se llama María su madre? ¿No es pariente de Santiago, de José, de Simón y de Judas? Y sus hermanas, ¿no están todas viviendo entre nosotros? [Mateo 13:55]

Otro argumento que apoya esta posición también proviene del Nuevo Testamento donde se refieren a Jesús como el "hijo primogénito."

Y no la conoció hasta que parió á su hijo primogénito: y llamó su nombre JESUS. [Mathew 1:25; Reina-Valera Antigua]

El Nuevo Testamento menciona los *adelfoi* de Jesús, que literalmente pueden ser hermanos o metafóricamente, compatriotas, personas o creyentes.[5] El Protoevangelio de Santiago, un Evangelio Apócrifo (libros considerados útiles por la iglesia pero no divinamente inspirados) probablemente escrito alrededor de 150 D.C., presenta a estos *adelfoi* como hijos de José de un matrimonio anterior, asegurando que José se casó con María después de enviudar. Esto convertiría a los *adelfoi* en hermanastros de Jesús.

---

5 Virginidad perpetua de María. En Wikipedia. Obtenido el 28 de Agosto, 2008 de http://en.wikipedia.org/wiki/Perpetual_virginity

Uno de los "hermanos" de Jesús es llamado José en Marcos 6:3 y Mateo 13:55. Sin embargo, en el judaísmo de la época los niños son raramente nombrados como su padre. Por esto, es poco probable que los "hermanos" de Jesús fueran hijos biológicos de José. Por tanto, el Protoevangelio de Santiago está probablemente equivocado.

María Valtorta en muchas de sus visiones relaciona a éstos "hermanos" como primos de Jesús: Santiago, José, Simón y Judas, eran hijos de María y Alfeo el hermano de José. Por lo que tenemos a dos Marías en la historia: María, la Madre de Dios, casada con José, y la otra María, casada con Alfeo, el hermano de José. Santiago y Judas, o Judas Tadeo, eran discípulos de Jesús.

Anne Catherine Emmerich también se refiere a los primos de Jesús que eran hijos de María Cleofás, que era la esposa de Alfeo. [Ver el Arbol Genealógico de Anne Catherine Emmerich en el Apéndice II]. María de Alfeo o María Cleofás, también es mencionada en los Evangelios de Juan y Marcos como María, esposa de Cleofás [Juan 19:25—27, Marcos 15:40].

La falta de referencias sobre el José en los Evangelios después de Lucas 2, confirmarían las visiones de Emmerich y Valtorta de que estaba muerto durante el ministerio de Jesús. Cuando el marido fallecía, la costumbre de la época dictaba que la esposa se uniera a la familia del pariente más cercano, en este caso Alfeo Los niños de esta familia crecieron con Jesús y fueron llamados sus hermanos y hermanas, por que en arameo, no había otra palabra para definirlos.

En cuanto a la referencia sobre el hijo primogénito de María, era una práctica israelí desde tiempos ancestrales, darle más importancia al primer hijo. Como lo vimos en el Capítulo 2, el único hijo de Sara, Isaac, también fue llamado primogénito. Por tanto, no debería sorprendernos el hecho de que haya referencias a Jesús como el hijo primogénito, aun cuando María no haya tenido más hijos.

Hay que hacer notar también que María era descendiente de los esenios y que ellos practicaban el celibato. Cuando el Angel Gabriel La visitó en la Anunciación, María dice: ¿como podrá ser esto si soy virgen? Con esta afirmación, Ella esta diciendo que aunque casada con

José, todavía es virgen, confirmando que José y María habían preservado Su virginidad.

Después del nacimiento de Jesús, viene la historia de Salomé, que no creía en la virginidad de María hasta que ella pudiera verificarlo por sí misma, María le permite a Salomé inspeccionar su cuerpo y verificar su virginidad.

En mi opinión, no tenía ningún sentido para María abandonar Su virginidad, después de haber pasado por todo lo que experimentó. María quería dedicar su vida a Dios, y para esto le prometió a Él Su virginidad. Fue forzada a casarse pero tuvo suerte de conseguir a José, que estuvo de acuerdo en preservarla. Después de los eventos milagrosos de la concepción y nacimiento de Jesús, no tenía sentido para Ella abandonar Su virginidad.

Tampoco tiene sentido que, teniendo Ella seis hijos más, incluyendo a Santiago, José, Simón, Judas y por lo menos dos hermanas, que Jesús moribundo en la cruz se la encargara al discípulo Juan. Si estos seis niños hubiesen sido en realidad de María, Mateo y Marcos, en sus evangelios, se hubiesen referido a ellos como los" hijos de María" en vez de los "hermanos de Jesús" y Jesús habría encargado el cuidado de su madre a uno de ellos.

En todo caso, parece que las escrituras del Nuevo Testamento pueden soportar cualquiera de las dos posiciones, por tanto, usted debe sacar su propia conclusión, la que mejor encaje con su fe.

La Presentación de Jesús en el Templo

En la ley judía, el primer hijo varón debía ser consagrado al Señor, y siguiendo la ley, María y José debían presentar al niño Jesús en el Templo en Jerusalén. En este punto hay una pequeña confusión en los Evangelios de Mateo y Lucas. Mateo [2:13] nos dice que la Sagrada Familia debió huir a Egipto justo después de la visita de los reyes magos; mientras que Lucas [2:22] nos dice que la Presentación ocurrió poco después del nacimiento de Jesús, por tanto, antes del viaje a Egipto.

La versión de Anne Catherine Emmerich es que la huida a Egipto ocurrió después de la Presentación. El sueño de José ocurrió cuando ya estaban de regreso a Nazaret y no en Belén. En todo caso, Jesús fue presentado en el Templo de Jerusalén y aquí las palabras del viejo Simeón le recordaron a María el futuro amargo que le esperaba.

Había en Jerusalén un hombre llamado Simeón, que era muy bueno y piadoso y el Espíritu Santo estaba en él. Esperaba los tiempos en que Dios atendiera a Israel y sabía por una revelación del Espíritu Santo que no moriría antes de haber visto al Cristo del Señor. Vino, pues, al Templo, inspirado por el Alma, cuando sus padres traían al niñito Jesús para cumplir con él los mandatos de la Ley. Simeón lo tomó en brazos, y bendijo a Dios con estas palabras:

"Señor, ahora ya puedes dejar
que tu servidor muera en paz, como le has dicho.
Porque mis ojos han visto a tu Salvador
que tú preparaste para presentarlo a todas las naciones.
Luz para iluminar a todos los pueblos
y gloria de tu pueblo Israel.

Su padre y su madre estaban maravillados por todo lo que decía Simeón del niño. Simeón los felicitó y después dijo a María, su madre: "Mira, este niño debe ser causa tanto de caída como de resurrección para la gente de Israel. Será puesto como una señal que muchos rechazarán, y a ti misma una espada te atravesará el alma." [Lucas 2:25—35]

Lo importante de este capítulo es comprender el enorme sacrificio que asumió María en obediencia a Dios: con nueve meses de embarazo se embarcó en un largo viaje de Nazaret a Belén, poco después realizó un viaje aún más largo con un recién nacido desde Belén a Egipto, vivió varios años allí en extrema pobreza, pudiendo haber regresado a vivir en la comodidad de Su casa en Nazaret. La presentación del niño Jesús también fue una demostración de obediencia y mucha humildad. Este era el Hijo de Dios, ¿por qué tenía que presentárselo a alguien? Todo esto es admirable y demuestra las virtudes de esta santa mujer llamada María.

Capítulo 8

EL AMOR DE DIOS

La vida de María fue muy difícil durante el ministerio de Jesús, porque la gente no entendía la misión del Mesías. Mientras Ella entendía perfectamente la misión de Jesús y la apoyaba completamente, la mayoría de la gente la criticaba fuertemente por la conducta de Su Hijo. Desde la concepción de Jesús, María supo lo que le esperaba— que Su Hijo le daría muchas alegrías, pero que también sería la fuente de los dolores más grandes que traspasarían su corazón.

Debe haber sido difícil vivir sabiendo que Su hijo moriría a una edad temprana y que sería torturado hasta morir. Cuando veo a mis hijos, no me lo puedo imaginar, el solo pensamiento me hace volver mi mente rápidamente a otra cosa. Mi mente no quiere siquiera considerar la posibilidad de que algo como esto pudiese suceder.

Debemos comprender que durante Su ministerio, Jesús actuó como un revolucionario. Jesús pisoteó las tradiciones judías, tanto las religiosas como las familiares y la gente no estaba lista para aceptar éste comportamiento. Esto le causó a María mucho sufrimiento y humillaciones. Sus propios parientes no aceptaban el comportamiento de Jesús y no entendían que Él hubiese abandonado su responsabilidad de cuidar de su madre, una importante tradición judía.

En este capítulo citaré frecuentemente los escritos de María Valtorta, porque nos ayudarán a entender lo que sucedía en la vida de María; como Ella se sentía y como lidiaba con esta situación. Leer a María Valtorta es como saborear el helado más delicioso; cada página es como una cucharada de helado cremoso derritiéndose lentamente en la boca. La lectura ha sido tan agradable que a veces se me aguaban los ojos. La citaré textualmente porque creo que no hay otra forma de transmitir el amor y los sentimientos contenidos en sus escritos.

Jesús le dijo a María Valtorta:

"Los Evangelios Me han descrito lo suficientemente bien como para salvar almas, por lo menos. La Virgen Bendita, sin embargo, es poco conocida. Su personalidad fue descrita incompletamente; muchas cosas han sido dejadas en la oscuridad. Ahora La he revelado. Yo personalmente te he dado esta relación perfecta de Mi Madre. Ella es la gloria del Orden... Su nombre adorna el Orden [de todas las cosas]..." [Traducido de The *Virgin Mary in the Writings of Maria Valtorta*. (La Virgen María en los Escritos de María Valtorta) Fr. Gabriel Roschini, página 22-23]

María Valtorta hace un trabajo excepcional describiendo a María. Algunas citas son bastante largas, pero valen la pena. La primera es del tercer año del ministerio de Jesús en su pequeña y humilde casa en Nazaret. Jesús está hablando a los apóstoles, a los pastores y a las mujeres discípulas sobre la Anunciación.

Jesús se inclina dulcemente hacia María, que ha caído a sus pies, casi extática, al rememorar la lejana hora, iluminada con una luz especial que parece exhalar del alma; y le pregunta quedo:"¿Cuál fue, ¡Purísima!, tu respuesta a aquel que te aseguraba que viniendo a ser Madre de Dios no perderías tu perfecta Virginidad?" Y María, casi en sueño, lentamente, sonriendo, con los ojos dilatados por un

El Amor de Dios

feliz llanto: ¡"He aquí a la Sierva del Señor! Hágase en mí según su Palabra" y reclina, adorando, la cabeza en las rodillas de su Hijo.

Jesús la cubre con su manto, celándola así a los ojos de todos, y dice: "Y se cumplió. Y se cumplirá hasta el final. Hasta sus otras transfiguraciones. Ella será siempre " la Sierva de Dios". Hará siempre lo que diga "La Palabra". ¡Esta es mi Madre! Bueno es que empecéis a conocerla en toda su santa Figura...¡Madre!¡Madre! Alza tu cara, Amada...Llama a tus devotos a esta Tierra en que por ahora estamos..." dice mientras destapa a María, después de un rato en que no se ha oído ningún sonido aparte del zumbido de las abejas y el gorgoteo de la fuentecita.

María levanta la cara, cubierta de llanto, y susurra: "¿Por qué me has hecho esto Hijo? Los secretos del Rey son sagrados..."

"Pero el Rey los puede revelar cuando quiere. Madre, lo he hecho para que se comprenda lo que dijo un Profeta: "Una mujer abarcará al Hombre" [Jeremías 31:21-22], y lo otro del otro Profeta: "La Virgen concebirá y dará a luz a un Hijo." [Isaías 7:14] [*El Evangelio*, V, Página 318]

Noten la referencia hecha por Jesús a "Hasta sus otras transfiguraciones." Supongo que la siguiente transfiguración sería la concepción virginal de Jesús, y la siguiente sería la Asunción de María en cuerpo y alma. Otra descripción espléndida es dada por Jesús cuando, en su primer año, le habla a Simón:

"¡Allí [en Nazaret] hay una Flor...una Flor hay que vive solitaria difundiendo fragancia de pureza y amor para su Dios y para su Hijo! Es mi Madre. La conocerás, Simón, y me dirás si existe criatura semejante a Ella, incluso en humana gracia, sobre la faz de la Tierra. Es hermosa, pero toda hermosura queda pequeña ante lo que emana de su interior. Si un bruto la despojase de todas sus vestiduras, la hiriera hasta desfigurarla y la arrojara a la calle como un vagabundo, seguiría viéndosela como Reina y regiamente vestida, porque su santidad le haría de manto y esplendor. Toda suerte de males puede darme el mundo, pero Yo le perdonaré todo, porque para venir al mundo y redimirle la he tenido a Ella, la humilde y gran Reina del mundo, que éste ignora, y por la cual, sin embargo, ha recibido el Bien y recibirá aún más durante los siglos.

Hemos llegado al Templo...Mas en verdad te digo que la verdadera Casa de Dios, el Arca Santa, es su Corazón, cubierto por el velo de su carne purísima, bordado de filigrana por sus virtudes." [*El Evangelio*, II, Página 41]

Debemos entender que, antes y durante el ministerio de Jesús, las mujeres en Israel y Judea eran consideradas inferiores a los hombres, de segunda clase y sin valor. Las mujeres no podían comer en la misma mesa que los hombres. En el Antiguo y Nuevo Testamento encontramos muchas referencias acerca de esto. Una de las metas de Jesús era elevar el estatus de las mujeres y darles la preponderancia que se merecían.

En una conversación registrada por María Valtorta, los escribas se escandalizan cuando otra mujer comienza a alabar a María. Jesús debe intervenir y corregirlos:

Los escribas dicen: "¡Está loca! ¡Está loca! Dile que se calle. Loca o poseída. Impón al espíritu que la tiene poseída que se vaya."

"No puedo. No hay más que espíritu de Dios, y Dios no se expulsa a Sí mismo"

"No lo haces porque te alaba a ti y a tu Madre y ello estimula tu orgullo".

"Escriba, reflexiona en lo que sabes de mí y verás que yo no conozco el orgullo".

"Pues, a pesar de todo, sólo un demonio puede hablar en ella para celebrar así a una mujer...¡La mujer! ¿Y qué es en Israel y para Israel la mujer?¿Y qué es, sino pecado, ante los ojos de Dios? ¡La seducida y seductora! Si no hubiera fe, difícilmente se podría pensar que en la mujer hubiera un alma. Le está prohibido acercarse al Santo [Tabernáculo] por su impureza. ¡Y ésta dice que Dios descendió a Ella!..." dice otro escriba, escandalizado, y los demás le hacen coro.

Jesús sin mirar a nadie a la cara—parece que hable consigo

mismo—, dice: "La Mujer aplastará la cabeza de la Serpiente." [Génesis 3:15].. "La Virgen concebirá y dará a luz un Hijo que será llamado Emmanuel." [Isaías 7:14]. "Un vástago saldrá de la raíz de Jesé, una flor brotará de ésta raíz y en Ella descansará el Espíritu del Señor." [Isaías 11:12] Esta Mujer. Mi Madre. Escriba, por el honor de tu saber, recuerda y comprende las palabras del Libro"
Los escribas no saben que responder. Esas palabras las han leído mil veces y mil veces las han considerado verdaderas. ¿Pueden negarlo ahora? Callan. [*El Evangelio*, VIII, Página 184-185]

Debido a la naturaleza inferior de la mujer en la cultura de la época, no debería sorprendernos que durante los siglos que siguieron, María fuese relegada a un rol secundario en la naciente iglesia. Aun cuando ha sido adorada por muchos santos, ha sido la inspiración de muchos escritores y arquitectos a través de los siglos y ha encontrado lugar en los corazones de los cristianos devotos desde el principio del tiempo, la iglesia ha tenido, como mucho, una actitud tibia hacia María.

Incluso hoy en día, en las misas de la iglesia católica en los Estados Unidos, no hay casi referencias a María, con excepción de una mención de Ella en el Credo. Algunas iglesias pueden incluir Su nombre en el Rito Penitencial. No hay ninguna mención de Ella en las lecturas, ni en los sermones y ciertamente ninguna en el resto de la liturgia. En América Latina existe mayor reconocimiento de María, al final de la misa algunos sacerdotes acostumbran a rezar el Ave María. La devoción con la cual María es celebrada variará de iglesia en iglesia y dependerá del párroco.

Lo que ha mantenido a María viva, ha sido la tradición y el sentimiento popular transferidos de generación en generación. Las madres y abuelas han sido quienes principalmente la han mantenido. Si no fuera por esto, María habría desaparecido de la fe cristiana. Pocos hombres han sido seguidores activos de María.

San Luis María Grignion De Montfort (1673—1716), fue uno de estos hombres. El escribió *Verdadera Devoción por María*, considerado uno de los mejores trabajos sobre María. San Luis de Montfort no solo puso a María en primera línea sino que también explicó claramente como podemos alcanzar más fácilmente a Jesús y a Dios cuando vamos a Ellos a través de María.

San Luis de Montfort, en su maravillosos libro, dice que Dios en Persona, siendo un ser perfecto, debió rebajarse a Sí mismo para poder venir a nosotros que estamos tan lejos de la perfección. Para hacer esto El eligió venir a través de María, Su propia creación.

María fue el puente o la escalera que Dios escogió para cerrar la enorme brecha entre Su magnificencia y nuestra insignificancia. Del mismo modo, cuando queremos alcanzar a Dios a través de Su hijo Jesús, deberíamos hacerlo a través de María. Ella puede embellecer, purificar y presentar nuestras peticiones y oraciones a Jesús más pulidas, de manera que sean más agradable al Padre.

San Luis de Montfort nos da un ejemplo excelente. Supongamos que somos unos campesinos que queremos honrar al rey. Vamos a la corte con una manzana como presente para él, pero nos damos cuenta de que no vestimos adecuadamente, ni sabemos como dirigirnos al rey. Así que optamos por darle la manzana a la reina, con la esperanza de que ella encuentre una mejor manera de entregársela al rey.

La reina pule nuestra manzana dejándola brillante, la pone sobre una bandeja dorada y se la presenta al rey. El rey se maravilla con este precioso regalo nuestro y nos envía todas sus bendiciones. San Luis de Montfort dice que esta es la manera en que María actúa a nuestro favor frente a Jesús.

Nosotros no podemos ver cuán manchadas están nuestras almas y, como dice San Luis de Montfort, creemos que podemos ir directamente a Dios y que El nos escuchará. San Luis de Montfort dice que estamos equivocados, que estamos tan lejos de Dios que debemos ir a El a través de María. Para venir a nosotros y para que nosotros pudiéramos ir a El, Dios creó este puente o escalera. María es la que nos puede enseñar a amar a Dios, porque Ella Lo llevó en Su Vientre y cuidó de El durante treinta y tres años.

El Amor de Dios

Un requisito muy importante en este camino hacia la iluminación, es amar a Dios. En Su vida, María nos enseñó lo que en realidad es el amor a Dios y como deberíamos hacer de esto nuestro labor de cada día. En mensajes recientes a los visionarios en Medjugorje, María dijo:

Mensaje de María del 25 de Abril, 2008 desde Medjugorje: "¡Queridos hijos! Hoy nuevamente los llamo a todos a *crecer en el amor de Dios* como una flor que siente los tibios rayos de la primavera. De esta forma, también ustedes pequeños niños, crecen en *el amor de Dios y lo llevan a todos aquellos que están lejos de Dios*. Busquen la voluntad de Dios y *hagan el bien a aquellos que Dios ha puesto en su camino*, y sean la luz y la alegría. Gracias por responder a mi llamado." [www.medjugorje.net]

Este tipo de mensaje no es nuevo. María ha dicho esto innumerables veces. Jesús también lo dijo muchas veces durante Su vida pública. La mención más clara sobre el amor de Dios probablemente se encuentra en Su primer mandamiento:

Al Señor tu Dios amarás con todo tu corazón, con toda tu alma, con toda tu inteligencia y con todas tus fuerzas. [Marcos 12:30]

¿Pero podemos amar a quien no conocemos? ¿Podemos amar a un extraño distante? Para poder amar a Dios debemos conocerlo personalmente. Para que pudiéramos conocerlo, primero Dios nos envió a María, y luego, a través de Ella, nos envió a Jesús. A través del ejemplo de estos dos seres humanos tan especiales, podemos saber quien es Dios. Esta entidad, a quien nadie conoce directamente, está bien representada por María y Jesús. En Ellos tenemos un retrato muy vívido de quien es el Señor Dios. Si pueden amar a María o a Jesús, entonces pueden amar a Dios. Si logran conocer íntimamente a María y a Jesús, podrán amar a Dios aún más. Entonces ¿cómo alcanzamos la iluminación? Amando a María y a Jesús con todo nuestro corazón, con toda nuestra alma, con toda nuestra inteligencia y con todas nuestras fuerzas.

Mensaje de María del 25 de Enero, 2006 desde Medjugorje:
"¡Queridos hijos! También hoy los llamo a ser mensajeros del Evangelio en sus familias. No olviden, pequeños niños, lean las *Sagradas Escrituras*. Pónganlas en un lugar visible y sean testigos con su vida de que ustedes creen y viven la Palabra de Dios. Estoy cerca de ustedes con mi amor e *intercedo ante mi Hijo por cada uno de ustedes*. Gracias por responder a mi llamado." [www.medjugorje.net]

Desafortunadamente no hay mucho que leer sobre María en la Biblia, por lo que es difícil conocerla a través de ella. Yo les sugiero que para conocer quien realmente era esta espléndida mujer, lean los trabajos de María Valtorta y Anne Catherine Emmerich citados en este libro. Puedo decirles con seguridad, que estas lecturas cambiaron mi vida. Me enseñaron más acerca del amor de lo que jamás me hubiese imaginado.

De ninguna manera les estoy sugiriendo que no lean las Sagradas Escrituras, por el contrario, creo que deberían leer la Biblia ojalá todos los días. Las Sagradas Escrituras y los escritos de estas dos extraordinarias visionarias se complementan muy bien. Al leerlos ambos, también aprenderán más acerca de la vida de Jesús.

Mensaje de María del 25 de Octubre, 2007 desde Medjugorje:
"¡Queridos hijos! Dios me envió entre ustedes por amor para que los guiara hacia el camino de salvación. Muchos abrieron sus corazones y aceptaron mis mensajes, pero muchos se han perdido en el camino y nunca han *conocido el Dios de amor con la plenitud de corazón*. Por tanto, los llamo a ser *amor y luz* donde hay oscuridad y pecado. Estoy con ustedes y los bendigo a todos. Gracias por responder a mi llamado." [www.medjugorje.net]

Con este mensaje, María nos pide la verdadera conversión del corazón. Ella habla de la conversión superficial de las personas que no hacen lo que dicen. Estas personas quizás han descubierto solamente

El Amor de Dios

parte de la verdad: la historia de María y Jesús. Pero no han descubierto la parte más importante que es el amor que Ellos representan. El amor que Ellos quieren que encarnemos cada día, cada minuto de nuestras vidas.

No juzguen y no serán juzgados; porque de la manera que juzguen serán juzgados y con la medida que midan los medirán a ustedes. ¿Por qué ves la pelusa en el ojo de tu hermano y no ves la viga en el tuyo? ¿Cómo te atreves a decir a tu hermano: Déjame sacarte esa pelusa del ojo, teniendo tú una viga en el tuyo? Hipócrita, sácate primero la viga que tienes en el ojo y así verás mejor para sacar la pelusa del ojo de tu hermano. [Mateo 7:1—5]

Debemos buscar la voluntad de Dios en nuestras vidas, ser caritativos y no juzgar, rezar fervientemente y meditar en silencio. Pero por sobre todo, debemos amar a Dios con la plenitud de nuestros corazones. Al hacerlo, nos olvidaremos del "yo soy" y aprenderemos que no somos nada sin Él, que nos creó. Deberíamos ser prudentes y no confiar mucho en nuestras acciones si éstas están vacías del amor de Dios.

A Mirjana Dragicevic-Soldo el 18 de Marzo, 2007: "¡Queridos hijos! Vengo a ustedes como una Madre con regalos. *Vengo con amor y misericordia.* Queridos hijos, tengo un corazón grande. En él, Yo deseo que todos purifiquen sus corazones con el ayuno y la oración. Yo deseo que, *a través del amor, nuestros corazones puedan triunfar juntos.* Yo deseo que a través de ese triunfo ustedes puedan ver la Verdad verdadera, el Camino verdadero y la Vida verdadera. Yo deseo que puedan ver a mi Hijo. Gracias." [www.medjugorje.net]

Como hombre, como ingeniero y como hombre de negocios, no me fue fácil abrirme completamente a María. Al principio tenía mis dudas porque de algún modo me parecía un signo de debilidad. ¿Qué dirían mis amigos? ¿Me estaba ablandando? Pero lenta y seguramente María conquistó mi corazón. Debo decir que fui muy afortunado al contar con el apoyo y estímulo de mi esposa. Yo no sé si hubiese sido tan exitoso si ella no me hubiese apoyado todo el tiempo. Debe ser difícil avanzar en el desarrollo espiritual si la pareja no está a tono con uno.

En realidad todo se reduce al coraje, a querer tan desesperadamente despertar a Dios que no nos importan las consecuencias. ¿Por qué debe importarme lo que la gente dice de mí si el único que importa es Dios? Estoy consciente de estar caminando por el camino menos recorrido, pero también estoy claro en que ésta es la única vía para encontrar mi iluminación. Sé que algunos de mis parientes cercanos están preocupados por el contenido de este libro, que pueda pisar sus creencias y que los avergüence frente a sus amigos. Si me hubiese preocupado por eso, este libro jamás hubiese sido escrito. ¿Debo vivir como otros esperan que viva? ¿O debo vivir como mi corazón me dice que lo haga?

No ha sido fácil balancear mis valores y creencias personales con mi trabajo en el "mundo real". Muchas veces me he enfrentado a decisiones difíciles que me han puesto a prueba, como Dios puso a prueba a Abraham. Para el desagrado de algunos de mis colegas, a veces decidí según lo que me dictaba el corazón. Muchas veces, cuando no estaba claro, les decía que antes de decidir tenía que pensar sobre esta materia. Esto me permitía darle vueltas al asunto en mi corazón, e invariablemente la decisión llegaba. Siempre me ayudaba el pensar que hubiese hecho Jesús si en ese momento hubiese estado en mis zapatos.

Tomar decisiones de negocios de manera inspirada, no significa que no tomaremos decisión difíciles, o que toleraremos la mediocridad, o que siempre cederemos a los puntos de vista de los demás. El mismo Jesús nos enseñó que debemos ser estrictos y duros con las personas que no hacen bien las cosas. Recordemos que Jesús irrumpió en el Templo en Jerusalén y sacó a latigazos a los mercaderes que lo habían convertido en un mercado.

Las decisiones más difíciles que me tocaron siempre fueron las de despedir a un subordinado que no estaba haciendo bien su trabajo. Generalmente lo que hacía es que retroalimentaba honesta y continuamente a la persona. Si esto no funcionaba, entonces le buscaba otro cargo que se equiparara con sus talentos. Si esto tampoco daba resultado, hablaba personalmente con la persona y le explicaba la situación.

El Amor de Dios

Con frecuencia les decía lo que en verdad sentía en mi corazón: que de seguro había otro gran empleo fuera de la compañía adecuado a los excelentes talentos que él o ella poseía.

Otras decisiones difíciles tenían que ver con las demandas de los clientes, que generalmente pretendían obtener los servicios por menos de lo que nosotros creíamos que valían. El personal de Ventas vendía por encima de nuestras capacidades; Operaciones decía que no podíamos hacerlo con los recursos existentes; Finanzas decía que perderíamos dinero si nos embarcábamos en ese proyecto. ¿Donde estaba la respuesta correcta? Balancear la necesidad de obtener nuevos clientes que conllevaran al crecimiento, pero que usualmente representan una inversión, con metas financieras a corto plazo siempre fue una lucha para mí. Pero al final, siempre me las arreglé para tomar decisiones concensuadas que requerían compromisos de todos.

En estas situaciones lograba unir a la gente describiendo la visión de la compañía en dos o tres años y lo que significaba llegar allí. La visión incluía una colección de los mejores clientes que generarían los ingresos requeridos y que estuvieran de acuerdo en asociarse con nosotros. También incluía ofrecer un servicio creativo e innovador no disponible en el mercado. Generalmente esto requiere de algo nuevo y la recomendación para mis compañeros de trabajo era meditar en silencio y encontrar la inspiración para obtener las respuestas.

Otras veces las decisiones tenían que ver con errores nuestros, que el cliente no necesariamente conocía, y que algunos de los nuestros pretendían que el cliente asumiera el costo. Estas decisiones eran fáciles para mí. Si nosotros cometimos el error, debíamos asumir la responsabilidad. Debíamos explicarle la situación a los clientes haciéndoles saber que correríamos con los costos, aun a riesgo de nuestras ganancias. Si teníamos una buena relación con el cliente, ésta estrategia siempre funcionaba. Con otros clientes menos comprometidos, generalmente los perdíamos. Para mi el fin nunca ha justificado los medios.

Yo solía rezar en silencio en mi oficina, pidiéndole a María que aclarara mi mente y me diera la inspiración que necesitaba. Y ¿quién mejor que María, la Hija de Dios, para ser nuestra intercesora frente de Jesús cuando elevamos nuestras plegarias a través de Ella? En los escritos de María Valtorta, María es llamada la Hija del Padre, la Madre del Hijo y la Esposa del Espíritu Santo.

A veces, antes de una reunión difícil, o en medio de una, rezaba en silencio pidiéndole a María su ayuda divina. La mayoría de las veces, las situaciones se resolvían favorablemente, pero en otras, no. En tales casos yo no perdía la paciencia, sino que pensaba que este resultado era el mejor; que Dios sabía algo que yo no sabía y estaba dirigiendo los eventos para que al final todo resultara para mejor. Fue esta confianza en Dios la que me permitió mantenerme sereno y en control, aún en las situaciones más difíciles.

Cuando pienso en mis dificultades y en las que María tuvo que soportar, me doy cuenta de cuan insignificante ha sido mi vida en comparación a la de Ella. Piensen en como María debió haber sufrido durante treinta y tres años sabiendo que Su hijo sería torturado y que moriría de una forma tan cruel. ¿Qué mujer puede soportar este dolor? Sabemos que el mayor dolor que una mujer puede experimentar es la muerte de un hijo o una hija. En mi caso, yo habría salido corriendo con mi hijo a un lugar lejano para protegerlo.

Después de la muerte de un hijo o una hija, la madre tiene consecuencias que perduran por el resto de su vida. Algunas de éstas tienen profundas raíces sicológicas por lo que ella nunca vuelve a ser la misma. Tal vez en este contexto es más fácil entender como María vivió con este conocimiento. Por eso es que se dice que el corazón de María también estaba atravesado por una lanza.

Durante el ministerio de Jesús, en la casa de Su Madre en Nazaret en presencia de María de Alfeo, la cuñada de María, Jesús hizo referencia a Su inminente muerte:

"¡Jesús!" grita María de Alfeo poniéndose en pie, asustada, mirando a su alrededor como si temiera ver salir a los deicidas de detrás de los setos y de los troncos del huerto.

"¡Jesús!" repite mirándole con pena.

El Amor de Dios 131

"¿Es que ya no conoces las Escrituras, que tanto te asombras de esto que digo?" le pregunta Jesús.
"Pero...Pero...No es posible...No debes permitirlo...Tu Madre..."
"Es Salvadora conmigo, y sabe. Mírala e imítala" María, en efecto, está austera, regia con su palidez, que es intensa; e inmóvil. Tiene las manos apoyadas en su regazo, apretadas, como en oración; alta la cabeza, la mirada fija en el vacío...
María de Alfeo la mira. Luego se dirige de nuevo a Jesús:"¡Pero, de todas formas, no debes hablar de ese horrendo futuro! Le clavas un espada en el corazón".
"Hace treinta y dos años que está esta espada en su corazón".
"¡Nooo! ¡No es posible! María...siempre tan serena...María...".
"Pregúntaselo a Ella, si no crees en lo que digo".
"¡Sí que se lo pregunto! ¿Es verdad, María? ¿Sabes esto?...".
Y María, con voz blanda pero firme, dice:"Es verdad. Tenía El cuarenta días cuando me lo dijo un santo...Pero incluso antes...¡Oh!, cuando el Angel me dijo que, sin dejar de ser la Virgen, concebiría un Hijo, que por su concepción divina sería llamado Hijo de Dios, lo que realmente es; cuando se me dijo esto, y que en el seno de Isabel estéril estaba formado un fruto [Juan el Bautista] por milagro del Eterno, no me fue difícil recordar las palabras de Isaías:
"La Virgen dará a luz un hijo que será llamado Emmanuel."[Isaías 7:14] ¡Todo, todo Isaías! Y donde habla del Precursor...Y donde habla del Varón de dolores, rojo, rojo de sangre,
Irreconocible...un leproso...por nuestros pecados...La espada está en el corazón desde entonces, y todo ha servido para hincarla más: el cantar de los ángeles y las palabras de Simeón y la venida de los Reyes de Oriente, todo, todo...".[*El Evangelio*, VII, Página 21]

El amor de Jesús por Su Madre era enorme, y El no tenía ningún problema en demostrar cuanto La amaba. Los escritos de María Valtorta están llenos de hermosas descripciones sobre este amor. La humildad de María la hacía avergonzarse con los comentarios de Jesús. Cuando uno de los apóstoles le preguntó porque Su flor favorita era el lirio del valle, Jesús respondió:

"Bien, respondo: "Por su humildad". Todo en ella habla de humildad...Los lugares que prefiere...la actitud de la flor...Me hace pensar en mi Madre...Esta flor...tan pequeña y, sin embargo, fijaos cómo perfuma un solo escapo. El aire de alrededor queda perfumado...También mi Madre humilde, modesta, ignorada y que no pedía otra cosa sino seguir siendo ignorada...Y sin embargo su perfume de santidad fue tan intenso, que me aspiró del Cielo...". [*El Evangelio*, VI, Página 321]

Un momento muy difícil para María fue cuando Jesús comenzó su ministerio y dejó su hogar:

Jesús habla a María. No percibo al principio las palabras, apenas susurradas, a las que María asiente con la cabeza. Después oigo: "Y di a la familia..., a las mujeres de la familia, que vengan. No te quedes sola. Estaré más tranquilo, Madre, y tú sabes la necesidad que tengo de estar tranquilo para cumplir mi misión. Mi amor no te faltará. Vendré frecuentemente y, cuando esté en Galilea y no pueda acercarme a casa, te avisaré; entonces vendrás tú adonde esté Yo. Mamá, esta hora debía llegar. Empezó aquí, cuando el Angel se te apareció; ahora se cumple y debemos vivirla, ¿no es verdad, Mamá?

Después vendrá la paz de la prueba superada, y la alegría...

...Jesús se levanta y María con El, y levantan la cara al cielo. Dos hostias vivas que resplandecen en la oscuridad...

...Jesús coge el manto (azul oscuro), se lo echa a los hombros y con él se cubre la cabeza a manera de capucha. Luego se pone en bandolera la bolsa, de forma que no le obstaculice el camino. María le ayuda; nunca termina de ajustarle la túnica y el manto y la capucha, y, mientras, le vuelve a acariciar.

Jesús va hacia la puerta después de trazar un gesto de bendición en la estancia. María le sigue y, en la puerta, ya abierta, se besan una vez más.

La calle está silenciosa y solitaria, blanca de luna. Jesús se pone en camino. Dos veces se vuelve aún a mirar a su Madre, que está apoyada en la jamba, más blanca que la luna, toda reluciente de

El Amor de Dios

llanto silencioso. Jesús se va alejando por la callejuela blanca. María continúa llorando apoyada en la puerta. Y Jesús desaparece en una esquina de la calle.

Ha empezado su camino de Evangelizador, que terminará en el Gólgota. María entra llorando y cierra la puerta. También para Ella ha comenzado el camino que la llevará al Gólgota. Y por nosotros...

[*El Evangelio*, I, Páginas 242-243]

La relación entre María y Jesús fue muy cariñosa y especial, particularmente por que María ya conocía la misión de Jesús. Ella sabía que El era el Hijo de Dios, que no Lo tendría por mucho tiempo, y que sería sacrificado por la salvación de la humanidad. Todas estas realidades aumentaron el amor que Ella sentía por Su hijo y por todos nosotros. ¡María estuvo dispuesta a entregar a Su hijo por ustedes y por mí!

Capítulo 9

Sufrimiento y Desobediencia

Cuando Jesús comienza Su ministerio, empiezan los problemas para María, porque Sus parientes no entendían o aceptaban el trabajo de Jesús, por lo que fueron particularmente duros con Ellos. Imaginemos la situación: usted está viviendo su vida de la mejor manera posible bajo un gobierno que no tolera la disensión y en un orden religioso que no aprueba nuevas ideas o cambios del status quo. Imaginen que su sobrino esta diciendo verdades que alteran el orden religioso establecido. Este sobrino podría morir o ponerlo a usted y a toda su familia en gran peligro.

Además, como María estaba muy sola después que Jesús se marchó, si Él muriera, no habría nadie que se ocupara de ella, por lo que algunos parientes deberían asumir esta responsabilidad. Sus padres y José ya habían muerto y la única persona que estaba ahí para Ella y de quien Ella recibía amor, era Jesús. He aquí algunos comentarios de Jesús sobre este tema:

"... María, mujer noble, amorosa hasta la perfección (porque en la Toda Gracia también las formas afectivas y sensitivas eran perfectas), sólo tenía un bien y un amor en la tierra: su Hijo. No le quedaba más que El: los padres, muertos desde hacía tiempo; José, muerto desde hacía algunos años. Sólo quedaba Yo para amarla y hacerle sentir que no estaba sola. Los parientes, por causa mía, desconociendo mi origen divino, le eran hostiles, como hacia una madre que no sabe imponerse a su hijo que se aparta del común buen juicio o que rechaza un matrimonio propuesto que podría honrar a la familia e incluso ayudarla.

Los parientes, voz del sentido común, del sentido humano—vosotros lo llamáis sensatez, pero no es más que sentido humano, o sea, egoísmo—habrían querido que yo hubiera vivido estas cosas. En el fondo era siempre el miedo de tener un día que soportar molestias por mi causa; que yo osaba expresar ideas—según ellos demasiado idealistas —que podían poner en contra a la sinagoga. La historia hebrea estaba llena de enseñanzas sobre la suerte de los profetas. No era una misión fácil la del profeta, y frecuentemente le ocasionaba la muerte a él mismo y disgustos a la parentela. En el fondo, siempre el pensamiento de tener que hacerse cargo un día de mi Madre.

Por ello, al ver que Ella no me ponía ningún obstáculo y parecía en continua adoración ante su Hijo, los ofendía. Este contraste habría de crecer durante los tres años de ministerio, hasta culminar en abiertos reproches cuando, estando Yo entre las multitudes, se llegaban hasta mí, y se avergonzaban de mi manía—según ellos—de herir a las castas poderosas. Represión a mí y a Ella:¡pobre Mamá! [El Evangelio, I, Páginas 244-245]

Continuando con el ejemplo de su sobrino hipotético: si él comienza a hablar sobre todas esas dolorosas realidades que no queremos ver, y comienza a trastornar el orden religioso al cual están acostumbrados, de seguro se sentirán agraviados por él. Esa es la realidad del "camino menos recorrido." Las personas que no están cómodas con el orden establecido y que tienen el valor de hacer público su desacuerdo, son usualmente reprochadas. No queremos que otros nos recuerden lo que está mal en nuestras vidas. Eso es exactamente lo que Jesús estaba haciendo, con el total apoyo de María y las dolorosas consecuencias para Ella.

Sufrimiento y Desobediencia

Esto me recuerda el mundo de los negocios, donde las personas están tan deseosas y listas para complacer a otros, con el sólo fin de avanzar profesionalmente o de proteger su empleo. Las personas que parecen estar muy cercanas a Dios, que predican la necesidad de seguir a Cristo, son víctimas de sus propias ambiciones y miedos. Cuando las cosas se ponen difíciles, Dios se convierte en segunda prioridad, y las necesidades basadas en el ego se hacen más importantes. Es la triste realidad de nuestras vidas.

En otra historia bien conocida, Jesús es huésped en una boda en la ciudad de Caná. Los dueños de la fiesta estaban muy avergonzados al quedarse sin vino, por lo que María le pidió a Jesús que utilizara sus poderes para proveer el vino. Inicialmente, Jesús rechazó la petición porque aún no era el momento de salir al público. Sin embargo, accedió a la petición de María y convirtió el agua en vino para beneficio y maravilla de todos en la fiesta He aquí una conversación entre Jesús y su primo Judas Tadeo al invitarlo a su boda:

"Quería decirte...Jesús...sé prudente...tienes una Madre...que aparte de ti no tiene nada...Tú quieres ser un "rabí" distinto de los demás y sabes, mejor que yo, que... las castas poderosas no permiten cosas distintas de las usuales, establecidas por ellos. Conozco tu modo de pensar...es santo...Pero el mundo no es santo...y oprime a los santos...Jesús...ya sabes cuál ha sido la suerte de tu primo Juan [el Bautista]...

...¿Qué será de ti?¿Qué final te quieres buscar?". [*El Evangelio*, I, Página 284]

Todos somos inducidos en direcciones opuestas por las necesidades mundanas y por la necesidad de complacer a Dios. Desafortunadamente, ponemos nuestras necesidades por encima de las de Dios, ya sea porque no nos sentimos cómodos con la incertidumbre en nuestras vidas o por temor. La verdad es que cuando hacemos esto, estamos hipotecando nuestras almas, estamos pidiendo prestado de la fuente eterna de la gracia de Dios. No nos damos cuenta que tenemos que pagar esta hipoteca y en este caso, no habrá ayuda gubernamental.

María comprendió esto con claridad. Ella sabía que la misión de Jesús era de Dios y no de la Tierra, y como tal, Ella apoyó totalmente a Su Hijo. Según la ley judía, María era la única que podía reprender a Su hijo, pero Ella nunca lo hizo. Por el contrario, Ella siempre estuvo ahí para Jesús y nunca le pidió nada, excepto su amor. Desde que Ella tuvo a Jesús, sabía que Lo perdería, pero nunca permitió que Sus necesidades humanas estuvieran por encima de las de Dios. El único otro ser humano que alcanzó la perfección y la obediencia además de Jesús, fue María.

María sabía, por lo que le había dicho Jesús, que durante los momentos más difíciles de su pasión, todos lo abandonarían, excepto Ella. Ella siempre estaría ahí para El. Si de María dependiera, Ella se sacrificaría y moriría feliz con Su Jesús. La devoción de María hacia Dios y hacia Jesús era completa. Esta actitud tan amorosa me atrajo hacia María. Poco a poco, Ella conquistaba mi corazón con Su pureza, amor y obediencia. El macho rudo que practicaba artes marciales y jugaba rugby cuando era más joven, estaba siendo conquistado por el alma más gentil, tierna, pura y amorosa, la de María.

Por tanto, no debería ser difícil comprender el amor que Jesús le profesaba a Su Madre. Tal como María solo tenía a Jesús para verter sobre El todo Su amor maternal, Jesús solo tenía a María como recipiente de sus más puros sentimientos de amor. He aquí una vívida descripción del amor de Jesús por Su Madre. Al regresar a Nazaret en Su primer año, El le dice a Ella:

...¡Oh! ¡Mamá! ¡Cuánto te echo de menos!

"¡Pero dime que vaya, Hijo, y yo iré! ¿Qué te ha faltado por causa de mi ausencia?: ¿comida de tu agrado?, ¿ropa fresca?, ¿cama bien hecha? ¡Oh, dime, mi Dicha,¿qué te ha faltado?! Tu sierva, ¡Oh mi Señor!, tratará de poner remedio".

"Nada aparte de ti..."

..."Déjame que te mire. Déjame llenar mi vista de ti, ¡Mamá mía santa!"...

Sufrimiento y Desobediencia   139

..."He venido con discípulos y amigos. Pero los he dejado en el bosque de Melca. Vendrán mañana a la aurora. Yo...no podía esperar más. ¡Mamá mía!", y le besa las manos. [*El Evangelio*, II, Páginas 61]

A medida que el ministerio de Jesús avanza y que comienza a antagonizar con las costumbres religiosas establecidas, Su trabajo se hace más difícil y Su persecución comienza. Jesús siente el dolor del rechazo de la humanidad, tal y como nosotros sentimos el rechazo de la gente cuando decimos cosas que no les agradan. María intenta aliviar el dolor de Jesús con Su amor maternal, pero debe guardar para Sí misma Su propio dolor.

Jesús habla también de la necesidad de entrar en contacto con las mujeres, para redimirlas, y de su dolor de no poderlo hacerlo a causa de la malignidad de los hombres.

María escucha anuente y decide :"Hijo, no debes negarme lo que deseo. A partir de ahora iré contigo cuando Tú te alejes; en cualquier época o estación del año, en cualquier lugar. Te defenderé de la calumnia. Bastará mi presencia para hacer caer el lodo. Y María [de Alfeo] vendrá conmigo; lo desea ardientemente. El corazón de las madres es necesario junto al Santo; y también contra el demonio y el mundo. [*El Evangelio*, II, Página 407]

De hecho María acompañó a Jesús en algunas de sus travesías y Él La presentaba como "la Apóstol." Esto es muy relevante para nuestros tiempos, porque hoy en día María no ocupa ese lugar privilegiado al lado de Jesús. Como me gustaría ver algún día una imagen de Jesús y María tomados de la mano, caminando uno al lado del otro, como dos seres humanos normales.

He aquí lo que Jesús le dijo a una pareja de ancianos cuando les presentó a Su Madre:

¿Aquélla es tu Madre? Dice el dueño de la casa.
"Es Ella. Os la he traído porque ahora también forma parte del

grupo de mis discípulos; el último recibido, el primero en orden de fidelidad. Es el Apóstol. Me predicó aún antes de que Yo naciera... Madre, ven. [El Evangelio, II, Página 165]

Cuando Jesús dice "el último recibido" refiriéndose a María, creo que se refiere a nuestros tiempos. María ha sido la última en ser recibida. Ella está siendo recibida en muchos lugares del mundo a través de sus apariciones y muchas personas se están convirtiendo a Jesús gracias a Ella. Ella también está siendo recibida por usted al leer este libro, y ojalá, encuentre un lugar permanente en su corazón, tal y como lo encontró en el mío.

Cuando María se unió a Jesús, otras mujeres también comenzaron a seguirlo. En Caná, Susana, la novia en la boda, se unió a Jesús. En Beth-Tsur, una mujer llamada Elisa comienza a seguir a Jesús. En Nazaret, María de Magdala se une a María, quien la lleva a Capernaún a conocer a Jesús. Marta, la hermana de Lázaro también se les une y el grupo de mujeres viaja con Jesús a través de muchos pueblos y lo acompañan a llevar la buena nueva.

Hay que hacer notar que Jesús trataba a las mujeres como iguales, les dio un lugar a Su lado. Las mujeres se quedaron con Jesús en Sus momentos más difíciles, cuando todos los discípulos, con excepción de Juan, habían huido. Por tanto, es justo que a María y a las mujeres se les hubiera dado un lugar adecuado en la iglesia cristiana. Sin embargo, los hombres que lo comenzaron todo, dejaron por fuera no solo a María sino también a las demás mujeres.

Cuando Jesús y las mujeres pasaban por los pueblos en los que María de Magdala había causado escándalo, los enemigos de Jesús aprovechaban la oportunidad para criticarlo. Esto le causaba un enorme dolor a María:

...Es como si mi corazón estuviera envuelto en espinas incandescentes. Cada vez que respiro sufro sus pinchazos. ¡Pero que no lo sepa! Me muestro así para sostenerle con mi serenidad. Si no le conforta su Mamá, ¿dónde podrá hallar alivio mi Jesús? [*El Evangelio*, IV, Página 78]

Sufrimiento y Desobediencia

Cuando van a Jerusalén, María se angustia por las trampas que le han puesto a Jesús. Ella sabe que el peligro es grande, pero quiere estar cerca de Su Jesús. María llora y Jesús le dice:

"...Es por los hombres. Ya lo sabes. Es por amor a los hombres. Bebemos nuestro cáliz con buena voluntad, ¿no es verdad?" María traga las lágrimas y responde: "Sí". (Un "sí" acongojado, verdaderamente desgarrador). [*El Evangelio*, IV, Página 355]

Durante el tercer año del ministerio de Jesús, a medida que se acerca el momento de la pasión, durante una estadía en Nazaret, María de Alfeo tiene una conversación con María sobre la inminente muerte de Jesús. Ellas están hablando de la espada que está siendo enterrada en el corazón de María.

[María de Alfeo pregunta] "¿Y estás tan serena? ¿Tan serena? Siempre igual que cuando llegaste aquí, casada, hace treinta y tres años. Y me parece ayer todo este cúmulo de recuerdos...¿Pero cómo tienes esta fuerza?...Yo...yo estaría como loca...yo haría...no sé lo que haría...Yo...¡Bueno, que no, que no es posible que una madre sepa esto y esté serena!".

"Antes de ser Madre, soy hija y sierva de Dios...Mi serenidad ¿de qué me viene? De hacer esta voluntad. Si hiciera la voluntad de un hombre, podría sentirme turbada, porque un hombre, aún el más sabio, siempre puede imponer una voluntad errada. ¡Pero la de Dios!...

...Si El ha querido que sea Madre de su Cristo, ¿deberé acaso pensar que es un hecho cruel, y perder en este pensamiento mi serenidad? ¿Saber lo que será la Redención para El, y para mí, también para mí, deberá turbarme con el pensamiento de cómo voy a superar ese momento? [*El Evangelio*, VII, Página 22]

No será siempre fácil realizar la voluntad de Dios. No lo fue en el caso de María, sabiendo que el futuro le deparaba la muerte de Jesús y Su sufrimiento. Fue muy importante para mí entender la situación de María. Confiando en Dios Ella encontró la serenidad y la tranquilidad que necesitaba en esta situación. Su ejemplo me inspiró a tomar las decisiones requeridas en mi vida personal, a confiar en Dios sobre todo lo demás y a verdaderamente creer que, a pesar de las apariencias, el camino trazado por El era el mejor.

[Más tarde María dijo:]...Yo soy la Madre de todos... y no debo serlo de uno solo. No lo soy exclusivamente ni siquiera de Jesús...Ya ves que le dejo marcharse sin retenerle...Quisiera estar con El, eso sí. Pero El juzga que debo quedarme aquí hasta que me diga: "Ven". Y me quedo aquí.

¿Sus estancias aquí?: mis alegrías de Madre. ¿Mis peregrinaciones con El?: mis alegrías de discípula. ¿Mis soledades aquí?: mis alegrías de fiel que hace la voluntad de su Señor". [*El Evangelio*, VII, Página 44]

Entender el papel de María como Madre de todos me ayudó a recibirla como mi Madre y me permitió comenzar una conversación con Ella que perdura hasta hoy. En Ella he encontrado la serenidad que necesitaba. En Ella he sentido la tranquilidad, sabiendo que estoy haciendo la voluntad de Dios, aun cuando las circunstancias puedan no ser favorables.

A medida que el momento de la pasión de Jesús se acercaba, tanto María como Jesús comenzaron a prepararse para lo inevitable. Jesús le dijo las siguientes palabras a María Valtorta, dirigiéndose a todos nosotros:

"Cuando piensen en María yo quisiera que todos pensaran en Su agonía. Duró treinta y tres años llegando al clímax al pie de la cruz. Ella pasó por todo eso por ustedes. Por ustedes, la multitud se rió de Ella, pensando que Ella era la madre de un loco. Por ustedes, los parientes y las personas distinguidas La reprocharon. Por ustedes, aparentemente yo La repudié cuando dije: 'Mi Madre y hermanos son aquellos que hacen la voluntad de Dios.' Sin embargo, nadie pudo superarla en realizar la voluntad de Dios, una Voluntad

Sufrimiento y Desobediencia

formidable, que Le impuso el tormento de observar a Su Hijo ser torturado. Por ustedes, Ella se agotó encontrándose conmigo aquí y allá. Por ustedes Sus sacrificios: comenzando por dejar su casa para mezclarse con la multitud y llegando al extremo de dejar su tierra natal por el ruido y desorden de Jerusalén. Por ustedes toleró a [Judas] que estaba incubando la traición en su corazón. Por ustedes Ella se afligía cuando fui acusado de ser un hereje o de estar poseído por el demonio. Si, todo eso por ustedes. Ustedes no comprenden cuanto yo amaba a Mi Madre... Yo me afligía cuando veía a Mi Madre sufriendo, cuando tenía que guiarla hacia Su tormento como un cordero indefenso, y cuando tuve que someterla a tantas despedidas: cuando me marché de Nazaret a evangelizar; la que te mostré en una visión y que ocurrió antes de Mi inminente Pasión; la de antes de la Ultima Cena cuando Mi Pasión ya había comenzado con la traición de Judas Iscariote; y la despedida atroz en el Calvario." [*The Virgin Mary in the Writings of Maria Valtorta*. (*La Virgen María en los Escritos de María Valtorta*) Fr. Gabriel Roschini, página 152]

Cinco días antes de Su muerte, Jesús fue a despedirse de Su buen amigo Lázaro. Jesús está muy preocupado por Su Madre y por Su salud al enfrentarse a lo inevitable. He aquí lo que El le dice a Lázaro:

¡Mi Madre tiene ya mucha angustia! También Ella es una destinada a próxima muerte y está exhausta...También hace treinta y tres años que viene muriendo, y ahora es toda una llaga como la víctima de un atroz suplicio. Te juro que he combatido entre la mente y el corazón, entre el amor y la razón, para decidir si era oportuno alejarla, enviarla a su casa...

...Pero, no, no puedo hacer esto. El pobre Jesús, cargado con los pecados del mundo, necesita una confortación. Y mi Madre me la dará. El aún más pobre mundo tiene necesidad de dos Víctimas. Porque el hombre pecó con la mujer; y la Mujer debe redimir...

... Ha llorado durante toda la su vida de Madre. Ahora ya no llora. Se ha crucificado la sonrisa en el rostro...¿Has visto que aspecto ha tomado su rostro en estos últimos tiempos? Se ha crucificado la sonrisa en el rostro para confortarme. Te pido que imites a mi Madre. [*El Evangelio*, IX, Página 272]

Al siguiente día el miércoles antes de la Pascua de los hebreos, María encuentra a Jesús durmiendo en el pasto y Ella se sienta cerca de Él. Cuando Jesús se despierta, ellos hablan del impacto de la *desobediencia de la humanidad*:

"Mamá, cuando te quedes sola ¿con quién vas a estar?".
"Con quien Tú digas, Hijo mío. Te obedecía antes de tenerte, Hijo. Seguiré haciéndolo después que me dejes". Le tiembla la voz, pero la sonrisa es heroica en sus labios.
"Tú sabes obedecer. ¡Cuánto descanso estar contigo! Porque, ¿ves, Mamá?, el mundo no puede comprender, pero Yo encuentro un completo descanso con los obedientes... Sí, Dios descansa con los obedientes. Dios no se habría visto sufriendo, ni importunándose, si la desobediencia no hubiera venido al mundo. Todo sucede porque no se obedeció. Por esto el dolor del mundo...Por esto nuestro dolor". [*El Evangelio*, IX, Página 357]

Pongan atención a lo que Jesús está diciendo: *Todo sucede porque no se obedeció. Por esto el dolor del mundo...*Si obedeciéramos la voluntad de Dios no sufriríamos. Hombres y mujeres en todos los rincones del mundo están tratando de salir del sufrimiento. Buda, entre 500 y 400 A.C. descubrió que la cesación del sufrimiento conlleva al despertar y a la iluminación. Él describió la técnica que lleva a la cesación del sufrimiento en "Los Nobles Ocho Caminos.". Buda indica que se requiere de la correcta visión, correcta intención, correcto lenguaje, correcta acción, correcto estilo de vida, correcto esfuerzo de atención y correcta concentración. ¿Acaso no estamos hablando de lo mismo?

Y como por la desobediencia de un solo hombre todos los demás pasaron a ser pecadores, así también, por la obediencia de uno solo, una muchedumbre fue constituida justa y santa. [Romanos 5:19]

Sufrimiento y Desobediencia

El amor consiste en esto: que andemos de acuerdo a sus mandamientos. [2 Juan 1:6]

Mencioné anteriormente que yo había desobedecido a Dios muchas veces en mi vida, pero el caso más claro fue cuando sentí el llamado de Dios a dejar mi posición de presidente de mi empresa y no lo hice. No había podido decidirme a tomar la decisión en ese momento. Lo pensé bastante, pero lo mejor que podía hacer era llegar a la decisión de irme en Junio 2008, siete meses después de mi accidente el 30 de Noviembre 2007, ciertamente no la respuesta que Dios esperaba de mí.

En Diciembre, la compañía tuvo su primer mes de pérdidas financieras después de un período sostenido de beneficios y empezamos a tener problemas con nuestros socios ingleses. Nuestros socios querían tener el control de la compañía y, por supuesto nosotros, los socios fundadores, no queríamos entregar el control. Hay algo especial en el mundo de los negocios sobre entregar el control. Confiere a los dueños de éste, un sentido de poder que alimenta los egos y provee de una falsa sensación de seguridad.

La presión de los ingleses fue creciendo día a día, llegando a un punto, en Enero, cuando las conversaciones de alto nivel se habían detenido. Uno de los principales clientes globales estaba incumpliendo con sus pagos, y la compañía tenía problemas de flujo de caja. Los ingleses, aprovechándose de esto, comenzaron a demorar sus pagos por los servicios proveídos. La compañía continuaba pagando, aunque con dificultad, sus obligaciones financieras, pero la administración diaria era muy difícil.

Estábamos tratando de llegar a un acuerdo que daría a los ingleses el control que ellos querían, a cambio de una compensación en efectivo, justa y razonable. A mi no me interesaba mucho continuar aferrado al poder, ya que había decidido renunciar en unos pocos meses. Pero si me quería asegurar que el acuerdo al que llegáramos fuera justo para todas las partes. Desafortunadamente, el tema de la justicia no siempre es el mismo para todas las partes involucradas en una disputa. Cada parte tiene su propia visión sobre el asunto y generalmente son muy diferentes. Por tanto, no podíamos llegar a un acuerdo. Para finales de Febrero no había acuerdo a la vista. Por lo menos nuestro principal cliente había reanudado sus pagos. Habíamos bajado nuestras aspiraciones financieras muy por debajo de lo que considerábamos razonable y justo, pero los ingleses no cedían. El siguiente paso que tomaron nuestros socios fue traer a los abogados y llevar nuestra disputa a la corte. Me dolía que las personas que habían sido nuestros socios, y hasta cierto punto, nuestros amigos, se comportaran así.

En los últimos años habíamos expandido la compañía enormemente y teníamos algunos clientes globales muy lucrativos. Nuestro nombre comenzaba a ser reconocido y respetado en la industria. Nuestra única falla fue que no queríamos entregar el control de la compañía por menos de su justo valor. Ciertamente no nos merecíamos este trato.

El miércoles 27 de Febrero otra reunión infructuosa finalizaba y mi frustración crecía con las horas. Podía luchar contra la competencia con todas mis fuerzas, pero era demasiado tener que luchar también contra nuestros socios. Me preocupaba que estuviera comenzando a sentir en mi cuerpo el estrés de los últimos tres meses. Mi piel mostraba signos de irritación que solo podían ser producto del estrés. Siendo un sobreviviente del cáncer, sabía lo malo que esto puede ser para mi salud.

Me encerré en la sala de conferencias por un rato. Quería meditar y decidir sobre mis próximos pasos. Comencé mi rutina habitual de ejercicios respiratorios y oraciones y le pedí a Jesús que tomara mi mano izquierda y a María que tomara la derecha y les pedí que me orientaran. ¿Qué debería hacer? ¿Debería continuar esta pelea por el control? ¿Debería aceptar la oferta de los ingleses aun cuando mis socios norteamericanos me detestaran por esto? ¿Qué debía hacer?

La respuesta vino rápidamente, como ya era costumbre en estos casos de necesidad. Me sentí envuelto por una fuerte energía que hizo que mi corazón latiera muy rápido, y la respuesta fue clara como el agua. "¡Renuncia inmediatamente!" De repente comprendí que estos últimos tres meses de problemas en al compañía y en mi vida ocurrían

Sufrimiento y Desobediencia

porque no había obedecido las instrucciones de Dios en Noviembre. El me había dado una segunda oportunidad con la condición de que dejara inmediatamente mi trabajo. No escuché y pensé que podía hacer que las cosas sucedieran de una mejor manera, más ordenadamente si dejaba el trabajo en Junio. Bueno, estaba equivocado.

Finalicé mi meditación e inmediatamente redacté mi renuncia y la envié a la Junta Directiva de la compañía. Empaqué mis cosas y salí de la oficina. Nadie me vio salir ya que era la hora del almuerzo y la mayoría de la gente estaba almorzando fuera o en la cafetería. Me fui caminando, sumergido en mis pensamientos, por la famosa Lincoln Road de Miami Beach donde se encontraba la oficina, en dirección a la playa y luego por Ocean Drive hasta mi hotel. Me puse el traje de baño y me fui a nadar en la hermosa playa de Miami Beach. Me sentí en paz conmigo mismo; finalmente había sido capaz de tener el valor suficiente para saltar al vacío.

Ahora me doy cuenta de que yo mismo provoqué esta situación. Era fácil echarle la culpa a nuestros socios ingleses, la lucha fue lo mejor que pudo sucederme. No siento rencor hacia ellos, de hecho, los respeto mucho por lo que han logrado y espero que algún día podamos encontrarnos de nuevo. En cuanto a mis socios domésticos, espero que ellos comprendan que de alguna manera ellos también son responsables de lo que les sucedió. Pero lo más importante es que espero que puedan perdonarme por haber abandonado el barco antes de tiempo.

El jueves antes de la Pascua de los hebreos, justo antes de la Ultima Cena, Jesús fue a despedirse de Su Madre. En este episodio, vemos el lado humano de Jesús y su necesidad de consuelo materno. El está a punto de experimentar una dolorosa Pasión y sabe que todos le darán la espalda. María, la amorosa Madre está ahí para El y en vez de derrumbarse bajo el peso de Su propio dolor, encuentra fuerzas para reconfortar a Jesús.

"Mamá, he venido para tomar de ti fuerza y consuelo. Soy como un niño pequeño, Mamá, que tiene necesidad del corazón de su madre para su dolor y del pecho de su madre para sacar fuerzas. Soy de nuevo, en estos momentos, tu pequeño Jesús de hace años. No soy el Maestro, Mamá. Soy sólo el Hijo tuyo, como en Nazaret cuando era pequeño, como en Nazaret antes de dejar la vida oculta. A ti sola te tengo. Los hombres, en este momento, no son amigos leales de tu Jesús. No son ni siquiera valientes en el bien. Sólo los malvados saben ser constantes y fuertes en obrar el mal. Pero tú me eres fiel y eres mi fuerza, Mamá, en estos momentos. Sostenme con tu amor y tu oración. [*El Evangelio*, IX, Página 398]

Después de instituir la Eucaristía en la Ultima Cena y distribuirla a Sus Apóstoles, Jesús tomó un pedazo del Pan consagrado y el cáliz con el Vino consagrado y los llevó a Su Madre, que estaba en otra habitación, para darle la comunión. Luego regresó donde los Apóstoles.

Es tan difícil comprender el episodio anterior y entender la serenidad con la que María aceptó esta situación. Cualquier otra madre hubiese agarrado a su hijo y no lo hubiese dejado ir. Cualquier otra madre se hubiese derrumbado de dolor. Pero María sabía que si demostraba Sus sentimientos, haría las cosas mucho más difíciles para Jesús.

María se sometió en total obediencia a la voluntad de Dios. Tal y como había dicho antes "Hágase en mí lo que has dicho" cuando el ángel anunció que concebiría al hijo de Dios, Ella tenía que dejar ir a Su Hijo. Como en la canción de Paul McCartney "Let it Be," Ella dejó que se hiciera en Su Hijo la voluntad de Dios. Esta es la obediencia perfecta de María y de Jesús que nos redimió y deshizo la Caída. El pecado de Eva fue anulado por María, y el de Adán, anulado por Jesús. María y Jesús, a través de su humildad, de su obediencia perfecta y de su sufrimiento nos ofrecen la salvación a todos nosotros.

Este sacrificio magnífico e incomprensible, solamente comprendido en su totalidad por Dios, entregó una segunda oportunidad a la humanidad. Otra oportunidad para vivir de nuevo a imagen y semejanza de Dios, para convertirnos en lo que Adán y Eva eran antes del pecado original. Un simple acto de *orgullo y desobediencia* creó todo el sufrimiento para la humanidad, la realidad en la que siempre hemos vivido.

La muerte de Cristo no cambió inmediatamente las cosas para todos nosotros, si bien muchísimas almas han sido salvadas por el sacrificio de Cristo. Solamente cuando reconozcamos el sacrificio de la Redención, tanto de Jesús como de María, seremos capaces, por la gracia de Dios, de beneficiarnos completamente del sacrificio Redentor de ambos. Quizá entonces, la realidad de una nueva Tierra estará disponible para nosotros y nos proveerá de los regalos que originalmente fueron entregados a los humanos en Adán y Eva. Es el regalo que Dios tiene para todos nosotros, porque María y Jesús vinieron por todas las personas de todos los credos y religiones.

Acojamos entonces a María en Su condición total. Vamos a aceptar a María y a Jesús juntos, porque esa era la intención original de Dios.

Desde el principio del tiempo, la Palabra, el Pensamiento Eterno de Dios, abarcaba a María y a Jesús. Reconozcamos esta importante realidad y convirtámonos en la imagen y semejanza de Dios. Sí, ésta era la intención original de Dios y es lo que estamos llamados a ser.

María está aquí, instalada en la Tierra ahora, para que seamos conscientes de Ella, para que La conozcamos, para que las personas como ustedes y como yo, intrigados por sus apariciones, investiguemos la fuente de estos eventos. María ha estado aquí por décadas, con Su usual sabiduría y humildad, aguardando pacientemente por mí y por otros que escriban sobre Ella, y por ustedes para que lean sobre Ella. Este es el Tiempo de María, la Era de María o el Día de María, como ha sido denominado por otros. ¿Está usted listo para Ella?

Capítulo 10

El Camino de Regreso al Paraíso

Cuando Jesús murió después del terrible tormento al que fue sometido, María tuvo que lidiar con la situación y encontrarse a Sí misma. Su Hijo estaba muerto. Toda Su vida había estado dedicada a Jesús, de acuerdo con la voluntad de Dios. ¿Y ahora qué? Dios no le había explicado esto a Ella. Tal y como Jesús se sintió abandonado por Dios en las horas finales en la cruz, María también se sintió abandonada por Dios, excepto que Su tormento fue más largo, mientras esperaba la Resurrección de Jesús.

Los siguientes días fueron de terrible angustia, con los apóstoles y los discípulos asustados porque aún no habían visto a Jesús y el Espíritu Santo todavía no había descendido sobre ellos. La mayoría de ellos no creía que Jesús resucitaría. María fue encomendada al Apóstol Juan y él comenzó a cuidar de Ella. Pero él no era el consuelo que Ella necesitaba, porque nada podía reemplazar a Jesús, Su Jesús, tan cercano a Su corazón y ahora tan lejos de Ella. Que difíciles debieron haber sido aquellos días para María.

María sabía que Jesús resucitaría después de tres días, porque El lo había dicho, pero el dolor todavía era enorme. No podía comer y estaba muriendo lentamente de dolor mientras esperaba por la resurrección de Su hijo. Cuando el cuerpo muerto de Jesús estaba siendo preparado en el sepulcro, María no podía dejarlo ir.

¡Oh, alma de mi Jesús; Oh alma de mi Cristo; Oh alma de mi Señor, ¿dónde estás?! ¿Porqué le habéis quitado el alma a mi Hijo, hienas crueles unidas con Satanás?¿Y por qué no me habéis crucificado con El? ¿Habéis tenido miedo de un segundo delito?(La voz va tomando un tono cada vez mas fuerte y desgarrador.)¿Y que era matar a una pobre mujer, para vosotros que no habéis vacilado en matar a Dios hecho Carne?¿No habéis cometido un segundo delito?¿Y no es éste el más abominable, el de dejar que una madre sobreviva a su Hijo sañosamente matado?"...

...Se endereza de nuevo y dice con voz fuerte a los presentes: "Marchaos todos. Yo me quedo. Cerradme aquí con El. Le esperaré. ¿Decís que no se puede?¿Por qué no se puede?¿Si hubiera muerto, no estaría aquí, echada a su lado, a la espera de ser recompuesta? Estaré a su lado, pero de rodillas. [*El Evangelio*, X, Páginas 96-97]

María finalmente se convenció que tenía que soltar el cuerpo de Jesús y fue apartada por María Magdalena. La preparación del cuerpo de Jesús fue completada por otras dos personas, y la piedra fue colocada en frente del sepulcro. Jesús le dijo a María Valtorta las siguientes palabras:

"Y la tortura continuó con asaltos periódicos hasta el alba del Domingo. Yo tuve, en la Pasión, una sola tentación. Pero la Madre, la Mujer, expió por la mujer, culpable de todos los males, repetidas veces. Y Satanás agredió a la Vencedora con centuplicada saña.

María le había vencido, y Ella recibió la más atroz de las tentaciones. Tentación a la carne de la Madre. Tentación al corazón de la Madre. Tentación al Espíritu de la Madre. El mundo cree que la Redención tuvo fin con mi último respiro. No. La coronó la Madre, añadiendo su triple tortura para redimir la triple concupiscencia,

El Camino de Regreso al Paraíso

luchando durante tres días contra Satanás, que quería llevarla a negar mi Palabra y a no creer en mi Resurrección. *María fue la única que siguió creyendo.* Grande y bienaventurada es también por esta fe. [*El Evangelio*, X, Página 103]

Después que el sepulcro fue cerrado, María corrió nuevamente hacia la piedra y trató de moverla con Sus manos, pero era muy grande y pesada y no pudo moverla. Ella seguía intentando moverla y lloró, repitiendo su solicitud de ser dejada ahí sola: Ella esperaría ahí por tres días y vería a Su hijo resucitado. Entonces María Magdalena habló con Ella y La convenció que se fuera con ellos. María Magdalena apeló a la tarea de María como Madre de todos y a la necesidad de quienes las rodeaban de consuelo, fe y amor Maternal.

Es la Magdalena la que encuentra la razón capaz de conseguir la obediencia de la Dolorosa. "Tú eres buena, eres santa, y crees y eres fuerte. Pero nosotros ¿qué somos?...¡Ya lo ves! La mayor parte han huido; los que han quedado estamos aterrados. La duda, ya presente en nosotros, nos haría ceder. Tú eres la Madre. No tienes sólo el deber y el derecho respecto a tu Hijo, sino el deber y el derecho a lo que es del Hijo.

Debes volver con nosotros, estar entre nosotros, para recogernos, para confirmarnos, para infundirnos tu fe...

... Tienes razón. Debo volver...buscar a los apóstoles... a los discípulos...a los parientes...a todos... Decir... decir: creed. Decir: os perdona...¿A quién se lo dije esto?... ¡Ah! A Judas Iscariote... Habrá que...sí, habrá que buscarle también a él... porque es el mayor pecador...". María está ahora con la cabeza reclinada sobre su propio pecho y tiembla como por repulsa; luego dice: "Juan: le buscarás. Y me lo traerás. *Debes* hacerlo. Y yo *debo* hacerlo. Padre: hágase esto también por la redención de la Humanidad. Vamos". [*El Evangelio*, X, Página 107]

María Valtorta describe detalladamente el gran sufrimiento por el cual María tuvo que pasar. Ella nunca condenó a Dios por lo que había sucedido. La mayoría de las madres hubiesen reprochado a Dios por quitarle a su hijo y talvez se hubiesen distanciado de El. Pero no María, permaneció estoicamente leal a El, a pesar de las dificultades, el dolor y la tristeza. He aquí algunos extractos que describen como María se sentía:

¡Cuántas! ¡Cuántas heridas! ¡Cuánto dolor! ¡Oh, mi Jesús, mi Jesús tan herido! ¡Herido *de esa manera!* ¡Matado *de esa manera!* No. No. ¡Señor, no! ¡No puede ser verdad! ¡Estoy loca! ¿Jesús muerto? Estoy delirando. ¡Jesús no puede morir! Sufrir, sí; morir, no. ¡El es la Vida! El es el Hijo de Dios. Es Dios. Dios no muere. [*El Evangelio*, X, Página 107]

Simeón lo dijo: "Una espada te traspasará el corazón". ¿Una espada? ¡Un sinfín de espadas! ¿Cuántas heridas te han abierto, Hijo? ¿Cuántos gemidos te han brotado?

¿Cuántos dolores agudísimos? ¿Cuántas gotas de sangre has derramado? Pues cada uno de éstos es un espada en mí. Soy una selva de espadas. En ti no hay un trozo de piel que no esté llagado, en mí no lo hay que no esté traspasado; traspasan mis carnes y penetran en el corazón. [*El Evangelio*, X, Página 123]

[Luego Jesús le dijo a María Valtorta:] Y ni imprecó ni odió. Oró, amó, obedeció. Siempre Madre, hasta el punto de pensar, en medio de esas torturas, que su Jesús tenía necesidad de su velo virginal para cubrir sus carnes inocentes, para defensa de su pudor, supo al mismo tiempo ser Hija del Padre de los Cielos, y obedecer a la tremenda voluntad del Padre en aquella hora. No imprecó, no se rebeló; ni contra Dios ni contra los hombres: a éstos los perdonó. [*El Evangelio*, X, Página 138]

Lo más increíble es que María fue la única que mantuvo completa fe en la resurrección de Jesús mientras los demás dudaban o no creían.

El Camino de Regreso al Paraíso

[María hablando de nuevo a María de Alfeo:] María, te quiero y eres pariente mía. Esto se lo dirás después a tus hijos apóstoles, para que sepan resistir en el apostolado y triunfar sobre Satanás. Estoy segura de que si yo hubiera aceptado la duda, si hubiera cedido a la tentación de Satanás y hubiera dicho: "No es posible que resucite", negando a Dios—porque decir eso hubiera sido negar a Dios con su Verdad y su Poder -, tanta Redención vanamente se habría verificado. Yo, nueva Eva, habría vuelto a morder el fruto de la soberbia y de la sensualidad espiritual y habría deshecho la obra de mi Redentor. [*El Evangelio*, X, Página 152]

No sé como se sentirán ustedes con todo esto, pero cuando descubrí el increíble sufrimiento de María, no pude sino admirarla aún más. Se me hizo muy difícil comprender como esta increíble mujer pudo pasar a ser ignorada y olvidada. Tenía que hacer algo al respecto, tenía que contribuir a mi manera para traer a María devuelta a la vida.

El último pasaje sobre la fe me recuerda mi accidente automovilístico y el momento en el que cerré los ojos y puse mi vida en las manos de Dios. Estoy seguro, completamente seguro, de que si hubiese abierto los ojos el resultado del accidente hubiese sido diferente. Hubiese resultado muerto o gravemente herido. María perseveró, a pesar de las dudas de los demás. Yo mantuve la fe y confié en un resultado positivo para mi accidente, y resultó bien. Debemos mantener la fe y confiar en Dios sobre todas las cosas.

Después de dos días, un domingo en la mañana, Jesús se le apareció a María Magdalena, que había regresado al sepulcro [Juan 20:1—18]. Al reconocer a Jesús, María Magdalena se llenó de gozo y tan pronto como pudo corrió a decírselo a María y a los Apóstoles. Jesús, en otro comentario a María Valtorta, explica que se levantó de entre los muertos antes de los tres días debido a las plegarias de Su Madre.

[Dice Jesús:] "Las oraciones ardientes de María anticiparon algo mi Resurrección.

Yo había dicho: "Al Hijo del hombre le matarán, pero al tercer día resucitará". Había muerto a las tres de la tarde del viernes. Tanto si calculáis los días por su nombre como si calculáis las horas, no era el alba dominical la que debía verme resucitar. En cuanto a horas, mi Cuerpo había estado sin vida treinta y ocho, en vez de setenta y dos; en cuanto a días, habría debido, al menos, llegar la tarde de este tercer día para decir que había estado tres días en la tumba. Pero María anticipó el milagro. Como cuando con su oración abrió los Cielos algunos años antes respecto a la época fijada para dar al mundo su Salvación, así ahora Ella obtiene la anticipación de algunas horas para dar consuelo a su corazón agonizante. [*El Evangelio*, X, Página 184]

Jesús resucitado luego se apareció a dos discípulos que caminaban a Emaús, un pueblo como a once kilómetros de Jerusalén y caminó junto a ellos [Lucas 24:13—35], sin que éstos lo reconocieran. Jesús les habló de las escrituras y sobre el papel de Jesús que debió morir para salvar a la humanidad. Eventualmente llegaron a Emaús y los discípulos invitaron a Jesús a quedarse porque ya era tarde. Mientras cenaban, Jesús repartió el pan, y en este momento los discípulos finalmente reconocieron a Jesús, pero justamente allí El desapareció. "¿No sentíamos arder nuestro corazón cuando nos hablaba en el camino y nos explicaba las Escrituras?" [Lucas 24:32]. Los discípulos deciden entonces inmediatamente regresar a Jerusalén para decírselo a los demás.

María, los discípulos y los Apóstoles se habían reunido y discutían estas apariciones de Jesús, que confirmaban que El había resucitado. María había asumido Su papel de Madre de todos y Se sentía mejor porque sabía que Su hijo había resucitado. Ella ahora podía reconfortar a los Apóstoles y a los hombres y mujeres discípulos que no habían visto a Jesús aún y que todavía no creían. La fuerza de María es admirable.

Entonces Jesús hizo Su aparición más gloriosa ante María y todos los Apóstoles excepto Tomás [Juan 20:19—23]. Se apareció ante ellos perfectamente reconocible, tenía hasta las heridas en Sus pies y manos. Los Apóstoles y María se maravillaron ante este evento. Esta era la demostración final de la Redención de la humanidad.

El Camino de Regreso al Paraíso 157

Ocho días más tarde, Jesús se apareció nuevamente a los apóstoles, pero esta vez, el apóstol Tomás se encontraba con ellos. Tomás debió introducir su dedo en las heridas de Jesús para creer que El en verdad estaba allí con ellos y que había resucitado. Jesús le dijo a Tomás: "Tu crees porque has visto. Felices los que creen sin haber visto." [Juan 20:29] Este pasaje siempre me ha impresionado. Creo que la experiencia de Tomás sirve de testimonio para todos nosotros. ¿Cuántos no creemos si no lo vemos por nosotros mismos? Debemos agradecer a Tomás porque, en su incredulidad, hizo que Jesús le demostrara a él y a todos nosotros, los incrédulos, la verdad de su Resurrección.

El significado de la resurrección de Jesús es muy importante. El demuestra que hay vida después de la muerte y por primera vez, esta verdad es claramente establecida. Sabemos a través de los descubrimientos de las tumbas egipcias, que los faraones creían en la vida después de la muerte. Sabemos también por Josephus y Philo, los dos antiguos historiadores citados en el Capítulo 3, que los esenios creían en el concepto de la vida después de la muerte.

Como yo no tenía seguridad que era lo que la mayoría de los israelitas pensaban sobre la vida después de la muerte en el tiempo de Jesús, busqué en el antiguo testamento y sólo encontré dos referencias a vida después de la muerte en períodos cercanos al tiempo de Jesús [2 Mac 7:29 and 2 Mac 12:43] en el año 150 A.C. Esto, por supuesto, no significa que no haya otros. Aparte de estas referencias, generalmente Dios prometía a los israelitas que los protegería de sus enemigos, a ellos y a sus generaciones futuras, si permanecían leales a El y a la Alianza. Dios no les prometía vida después de la muerte.

La fecha de 150 A.C. coincide con el período en que los esenios florecieron en lugares como Qumran y Monte Carmelo, cuando sucedieron los eventos de los Macabeos, por lo que es bastante posible que estas creencias permearan a otros judíos devotos.

En cualquier caso, antes de Jesús, no había ocurrido una demostración fehaciente de vida después de la muerte, de resurrección. El fue el primer ser humano en demostrar esto para todos nosotros. Veremos más tarde que María, al resucitar, también demuestra la existencia de vida después de la muerte. María no se hizo visible inmediatamente después de Su muerte, pero la hemos sentido y experimentado mayormente y de diferentes maneras en estos últimos doscientos cincuenta años. En las décadas recientes, María se ha aparecido con mucha más frecuencia que durante toda la historia previa. ¿Por qué? ¿Por qué ahora cerca de dos mil años más tarde? En los asuntos de Dios no hay casualidades, por lo que la importancia de estas apariciones no puede ser subestimada.

La única explicación que tengo para la participación activa de María en los asuntos de nuestros tiempos, es que la redención de la humanidad todavía no está completa. Desde la muerte de Jesús, han pasado alrededor de dos mil años y basta mirar a nuestro alrededor para darnos cuenta de que nos falta un largo camino por recorrer. Jesús, concebido en el vientre inmaculado de María, nos abrió con Su sacrificio las puertas del Cielo, que habían estado cerradas desde la Caída de Adán y Eva.

> Sin embargo, nadie ha subido al cielo, sino el que ha bajado del cielo: El Hijo del Hombre. [Juan 3:13]

Y luego este pasaje que hace referencia a otras resurrecciones de personas santas ocurridas en Jerusalén inmediatamente después de la muerte de Jesús en la cruz:

> En ese mismo instante, la cortina del templo se rasgó en dos partes, de arriba a abajo, la tierra tembló, las rocas se partieron, los sepulcros se abrieron, y resucitaron varias personas santas que habían llegado al descanso. Estas salieron de las sepulturas después de la resurrección de Jesús, fueron a la Ciudad Santa y se aparecieron a mucha gente. [Mateo 27:51—53]

¿Será posible que Dios dejara que transcurrieran estos dos mil años para que la humanidad progresara espiritualmente, para prepararnos y completar el proceso de nuestra redención? ¿Será posible que actual-

El Camino de Regreso al Paraíso   159

mente estemos en el periodo crítico de nuestra redención? A veces me parece que así es. Cada vez que veo las noticias en la televisión o leo los periódicos, me parece que el mundo está atravesando por momentos difíciles, que estamos confrontando fuerzas que no podemos controlar, como huracanes, terremotos, inundaciones y calentamiento global. La humanidad ha sido capaz de sobreponerse a la mayoría de los desastres que la Madre Naturaleza nos ha impuesto durante estos últimos dos mil años. Pero ya no estoy tan seguro de que esto sea así en el futuro. En Marzo del 2008 Beatriz y yo fuimos de vacaciones a la Patagonia chilena, y pudimos ser testigos de los efectos del calentamiento global que está derritiendo y haciendo retroceder los glaciares. Kilómetros de rocas y tierra, que hace unos años estaban bajo el hielo, ahora están secas y las huellas de millones de años de erosión son completamente visibles. Una triste evidencia del enorme impacto que los humanos estamos creando sobre la Tierra.

Cuando comencé a escribir este libro, egoístamente pensaba que seguramente ocurriría un desastre natural en el futuro y que muchas vidas se perderían, pero en realidad no sentía lástima por esas personas. Por supuesto que pensaba que mi familia y yo escaparíamos del desastre, que de alguna manera no estaríamos en el lugar equivocado en el momento incorrecto.

Es lamentable, pero yo no soy el único que ha pensado de esta manera. He escuchado comentarios similares de muchas personas que piensan que el mundo no puede sostener a seis billones de personas o más. La idea es que debe ocurrir una "limpieza" para darle la oportunidad a la Tierra de recuperarse y soportar vida de una manera más equilibrada, sin el estrés creado por las necesidades de tantas personas.

Sin embargo, el mensaje de María es diferente. Ella dice que todos podemos ser salvados: "Dios desea convertir al mundo entero" [Junio 25, 2007]; "Yo quiero salvarlos y a través de ustedes, salvar al mundo entero" [Julio 30, 1987]. Su mensaje intenta aumentar el nivel de conciencia de la humanidad, porque no podemos seguir viviendo de la manera como lo hemos estado haciendo. Necesitamos realizar algunos cambios, y si los hacemos, podemos convertirnos en lo que Dios imaginó para nosotros, los seres de luz de Su creación.

Podemos convertirnos en los nuevos Adanes y Evas. Cuando obtengamos este estatus, el problema de los recursos naturales, del calentamiento global y de los desastres ya no serán relevantes. Estos problemas se quedarán en la vieja Tierra y ya no formarán parte de nuestra realidad. La nueva Tierra se acercará ahora a lo que era antes, el Paraíso. Anne Catherine Emmerich (1774-1824) dijo haber visto el Paraíso en sus visiones. Ella dijo que el Paraíso existe, solo que no podemos verlo, y que en su época no teniamos acceso a él.

El Paraíso aun existe, pero para el hombre es completamente imposible alcanzarlo. He visto que aún existe en todo su esplendor. Está muy por encima de la tierra y en una dirección oblicua a ella...
[*The Lowly*, I, página 6]

Cuando Jesús le habla a María Valtorta, refuerza el concepto de Él y María venciendo la Caída de Adán y Eva. Este es un concepto muy importante que debemos comprender completamente. Si bien puede ser simbólico, es extremadamente importante.

En el Capítulo 1 se describió la *desobediencia* a Dios como el pecado más grande cometido por Adán y Eva. Ahora podemos entender que la Redención de la humanidad fue obtenida por Jesús y María a través de Su perfecta *obediencia* a Dios. Ellos borraron el peso negativo que Adán y Eva habían impuesto a la humanidad.

[Dice Jesús:] "La pareja Jesús—María es la antítesis de la pareja Adán—Eva. Es la destinada a anular toda la actuación de Adán y Eva y poner a la Humanidad de nuevo en el punto en que estaba cuando fue creada: una Humanidad rica en gracia y en todos los dones que el Creador le otorgó. La Humanidad ha experimentado una total regeneración por la obra de la pareja Jesús—María, quienes, así, han venido a ser los nuevos Fundadores de la Humanidad. Todo el tiempo precedente ha quedado anulado. El tiempo y la historia del hombre se cuentan a partir de este momento en que la nueva Eva, por una inversión de términos en la creación, forma de su seno inviolado, por obra del Señor Dios, al nuevo Adán.

Pero para anular las obras de los dos Primeros, causa de mortal enfermedad, de perpetua mutilación, de empobrecimiento (más: de indigencia espiritual, porque después del pecado Adán y Eva se encontraron despojados de todo lo que les había donado el Padre Santo, riqueza infinita), estos Segundos tuvieron que obrar en todo y por todo, de forma opuesta a la en que obraron los dos Primeros. Por tanto, llevar la obediencia hasta la perfección que se aniquila y que se inmola en la carne, en el sentimiento, en el pensamiento, en la voluntad, para aceptar *todo* lo que Dios quiere. Por tanto, llevar la pureza a una castidad absoluta, por la cual la carne...¿qué fue la carne para Nosotros dos, puros? [*El Evangelio*, X, Página 42]

Cuando pienso en que es lo que significa en mi vida la perfecta obediencia a Dios, no la asocio con la castidad o con la pureza perfecta, por lo menos no a estas alturas de mi vida. Sin embargo, la relaciono con utilizar mi libre albedrío para expresar mi amor a Dios, a mi prójimo y a la Madre Naturaleza. Cada vez que le doy gracias a Dios por un hermoso día o por algo que me impresiona en la naturaleza, estoy expresando mi amor a Dios. Cuando le sonrío a alguien en la calle o ayudo a un extraño, estoy expresando mi amor a Dios. Cuando hago lo que es correcto en vez de lo que es más conveniente o lo que quiero, estoy expresando mi amor a Dios.

Nuestro amor a Dios lo podemos expresar en todas aquellas pequeñas cosas de cada día, hasta alcanzar un estado permanente de gratitud y de unión constante con Dios. Tal vez piensen, "Este tipo está tomando lo que le es útil y conveniente, olvidándose de lo demás." Tal vez tengan razón, pero por algo hay que empezar. He cometido muchos pecados en mi vida, algunos bastante terribles, pero debo haber estado haciendo algo bien en mis últimos once años, porque mi vida ha estado llena de bendiciones. Mateo dice:

> Ustedes los conocerán por sus frutos. No se sacan uvas de los espinos, ni higos de los cardos. [Mateo 7:16]

La Resurrección de la Virgen María

Actualmente estoy en el mejor lugar en el que he estado en toda mi vida, sintiendo una profunda paz y gratitud. Por tanto, creo que Dios está en paz conmigo y me está apoyando, si no, los milagros que me suceden regularmente no estuvieran ocurriendo. Algunas veces en mi vida he estado "atascado," como una hoja que trata de flotar con el flujo del agua río abajo, pero no puede porque está atrapada en un remolino en el costado del río. Pero ahora estoy fluyendo libremente río abajo, escapando de la mayoría de las rocas y remolinos. Déjenme decirles que es una sensación maravillosa.

[María dijo] ¡Oh..., haber quitado del corazón de Dios la amargura de la desobediencia de Eva...!

...Yo he anulado esa culpa recorriendo en sentido inverso, para ascender, las etapas de su descenso.

El principio de la culpa estuvo en la desobediencia: "No comáis y no toquéis de ese árbol", había dicho Dios. Pero el hombre y la mujer, los reyes de la creación, que podían tocar todo y comer todo excepto aquello—porque Dios quería hacerlos sólo inferiores a los ángeles—no tomaron en consideración ese veto.

El árbol: el medio para probar la obediencia de los hijos.

¿Qué es la obediencia al mandato divino? Es un bien porque Dios no ordena sino el bien. ¿Qué es la desobediencia? Es un mal porque pone al corazón en las disposiciones de rebelión sobre las cuales Satanás puede obrar. [*El Evangelio*, I, Página 86]

Cuando Beatriz llegó a mi vida, sentí que había recibido en bandeja de plata lo que había estado pidiendo en mis oraciones por varios años. Mi solicitud no era simple. Quería una mujer que, entre otras cosas, ya tuviera hijos, que fuera inteligente, con un enorme amor por Dios y por la humanidad, que fuera bonita y atractiva, bilingüe en inglés y español y que le gustaran los deportes. Llegue al extremo de pedir que fuera una buena esquiadora porque me gusta bastante el esquí y el snowboarding, pero no me gusta hacerlo sin mi pareja. Bastante específico ¿no creen?

Bueno, Dios me envió esto y mucho más. Beatriz no solo esquiaba bien, sino que me podía seguir a campo traviesa en mis aventuras con

El Camino de Regreso al Paraíso 163

el snowboard. Ella no le teme a la nieve profunda ni a las pendientes elevadas. Pero lo más importante, Dios trajo a mi vida una persona llena de virtudes, que ha sido un excelente ejemplo para mí. Los frutos que han nacido de nuestra relación han sido buenos. En el pasaje anterior María dice *Dios no ordena sino el bien*, y ese ha sido el caso con nosotros. Hemos crecido enormemente en nuestra fe y hemos tenido tantas experiencias maravillosas que se necesitaría un nuevo libro para narrarlas todas.

Dice María:
Yo recorrí en sentido inverso el camino de los dos pecadores. *Obedecí.* Obedecí en todos los modos. Dios me había pedido ser virgen. *Obedecí.* Habiendo amado la virginidad, que me hacía pura como la primera de las mujeres antes de conocer a Satanás, Dios me pidió ser esposa. *Obedecí*, llevando al matrimonio a la pureza que tuvo, a ese grado de pureza que Dios tenía en su pensamiento cuando creó a los dos Primeros. Convencida de mi destino de soledad en el matrimonio y de desprecio del prójimo por mi esterilidad santa, ahora Dios me pedía ser Madre. *Obedecí.* Creí que ello era posible y que esa palabra venía de Dios, porque la paz iba entrando en mí al oírla. No pensé: "Lo he merecido". No me dije a mí misma:"Ahora el mundo me admirará, porque soy semejante a Dios". No, Me anonadé en la humildad.

Eva quiso el disfrute, el triunfo, la libertad: yo acepté el dolor, el anonadamiento, la esclavitud. Renuncié a mi vida tranquila, a la estima de mi esposo, a la propia libertad. No me quedé con nada. [*El Evangelio*, I, Página 87]

Durante la Pasión, Jesús y María soportaron dos tipos diferentes de sufrimiento. El sufrimiento de Jesús fue físico: la tortura de Su cuerpo. El sufrimiento de María fue emocional: la tortura de Su corazón. Los dos son igualmente importantes para la humanidad. Lo sabemos por nuestra propia experiencia, son diferentes, pero ambos pueden ser igualmente devastadores. Jesús entregó Su Cuerpo y Su Sangre para nuestra salvación. María entregó Su Corazón para nuestra salvación.

Los esfuerzos de Jesús y María por nuestra redención, no sólo nos dieron acceso al Cielo después de la muerte, sino también nos permitieron progresar espiritualmente. El tiempo de Dios es diferente a nuestro tiempo, Sus años se miden en siglos. Dios sabía que la raza humana no estaba preparada para convertirse en Su gloriosa creación inmediatamente después de la muerte de Jesús. El sabía que nos tomaría unos dos mil años de nuestro tiempo despertar a las posibilidades ilimitadas de nuestra especie.

Dios sabía que el progreso y la tecnología nos apartarían de El, que nos harían pensar que no Lo necesitábamos, que a través de nuestros avances tecnológicos nos creeríamos dioses y amos de nuestro planeta. El también sabía que el avance del progreso terminaría inclinando la balanza a Su favor. Sabía que al ir el hombre descubriendo los secretos de las diminutas partículas subatómicas, del mundo infinitesimal, junto con los descubrimientos del universo infinito, la humanidad comprendería el papel de Dios y del hombre en la ecuación de la vida. Sabía que a través de la combinación de los descubrimientos científicos y el progreso en las muchas modalidades de desarrollo espiritual, el hombre volvería a ser tierra fértil para Su redención.

Dios debió haber decidido que la forma más efectiva de completar la redención de la humanidad era enviarnos a María. La universalidad de María como madre, generosa, dulce y no política, La hace la mensajera perfecta para llegar a personas de diferentes religiones y razas. María nos trae la fe, la esperanza, la justicia, la fuerza y la caridad. Ella es nuestra Intercesora frente a Dios. Ella defenderá nuestra causa ante Jesús y obtendrá los favores que pedimos.

¡Oh, el beso de mi Madre! ¿Quién podrá resistir a ese beso? Luego toma con sus finos dedos—finos, pero ¡cuán amorosamente imperiosos!—mi muñeca, y me fuerza a bendecir.

No puedo decir que no a mi Madre. Pero tenéis que ir a Ella para hacerla Abogada vuestra. Ella es mi Reina antes de ser vuestra Reina, y su amor por vosotros guarda indulgencias que ni siquiera el mío conoce. Y Ella, incluso sin palabras, sólo con las perlas de su llanto y con el recuerdo de mi Cruz—cuyo signo me hace trazar

El Camino de Regreso al Paraíso 165

en el aire—toma defensa de vuestra causa recordándome: "Eres El Salvador. Salva". [*El Evangelio*, I, Páginas 183-184]

Como dijo San Luis de Montfort en Verdadera Devoción por María, la mejor manera de alcanzar al Padre es a través de María, y la mejor manera para que el Padre pueda alcanzarnos, es a través de María. Ella está preparada y lista para servirnos a cada uno de nosotros si tan solo La dejamos entrar en nuestros corazones. Jesús le explica este concepto a María Valtorta a través del episodio de la boda en Caná. El actuó en la boda de esa manera con los discípulos para que el mundo supiera que El atendería las peticiones que vinieran a través de la Madre.

"Cuando dije a los discípulos: "Vamos a hacer feliz a mi Madre", había dado a la frase un sentido más alto de lo que parecía. No la felicidad de verme, sino de ser Ella la iniciadora de mi actividad taumatúrgica y la primera benefactora de la humanidad. Recordadlo siempre: mi primer milagro se produjo por María; el primero: símbolo de que es María la llave del milagro. Yo no niego nada a mi Madre. Por su oración anticipo incluso el tiempo de la gracia. Yo conozco a mi Madre, la segunda en bondad después de Dios. Sé que concederos una gracia es hacerla feliz, porque es la Toda Amor. Por esto, sabiéndolo, dije: "Vamos a hacerla feliz".

Además quise mostrar al mundo su potencia junto a la mía. [*El Evangelio*, I, Página 291]

Jesús ofreció Su primer milagro porque María se Lo pidió. El también puede realizar nuestros milagros, siempre y cuando sean buenos para nosotros, si llevamos nuestras peticiones a El a través de María. Este es el comienzo del nuevo papel de María como Madre de todos.

Después de estas numerosas apariciones, Jesús asciende al Cielo y María y los apóstoles se preparan para Pentecostés, el momento en que el Espíritu Santo descendería sobre ellos. [Hechos 2:1-13]. María Valtorta explica que después de varios años, el apóstol Juan, que había sido encomendado con el cuidado de María, le dijo a Pedro que María se llevaría Su cuerpo al Cielo al momento de su muerte. Pedro le pregunta a Juan que como sabe esto, y Juan le dice que durante el Pentecostés el Espíritu Santo se lo había revelado.

La Asunción

El día llegó para la Asunción de María, es decir, que al morir, María ascendió al cielo en cuerpo y alma. La iglesia católica celebra la fiesta de la Asunción el 15 de Agosto. La descripción de María Valtorta de este evento, con el apóstol Juan como único testigo, es corta pero dulce.

Juan se percató de que la Madre estaba en un estado inusual, poniendo todas Sus cosas en orden en Su habitación y observando las reliquias que había guardado de Jesús y Su Pasión. El le preguntó porqué estaba haciendo esto y María le respondió que había llegado el momento de ascender hacia Su Hijo, y de Juan de prepararse para estar solo. Juan comenzó a llorar, con mucho dolor en su corazón porque para él, María significaba más que su propia madre.

...Pero, ¿por qué lloras, Juan?"
"Porque la tempestad del dolor se desencadena dentro de mí. ¡Me doy cuenta de que voy a perderte pronto! ¿Cómo podré vivir sin ti? ¡Siento desgarrárseme el corazón ante este pensamiento! ¡No resistiré este dolor!". [*El Evangelio*, X, Página 419]

Juan ayudó a María a recostarse en Su cama y poco después fallecía. Cuando Juan se sobrepuso al torrente de lágrimas y dolor, recordó lo que el Espíritu Santo le había revelado. Corrió al jardín en busca de flores y regresó corriendo; no quería perderse de nada. Arregló las flores alrededor del cuerpo de María y comenzó a hablarle como si aún estuviese viva. Le dijo que se quedaría al lado de Su cama para cuidarla, esperando por el milagro.

Ahora acercamos esta lamparita. Así, junto a tu lecho, para que te vele y me haga compañía mientras te velo, en espera de al

El Camino de Regreso al Paraíso

menos uno de los milagros que espero, de los milagros por cuyo cumplimiento oro. [*El Evangelio*, X, Página 423]

La fe de Juan en la Asunción de María era total. No hizo lo que era costumbre cuando alguien fallecía. No llamó a los demás para realizar los ritos funerarios. Simplemente se sentó allí, cuidando el cuerpo muerto de María. Pero después de muchas horas, talvez un par de días, el sueño lo venció.

De repente una fuerte luz inundó la habitación, una luz plateada con visos azulados, haciéndose cada vez más brillante, más intensa, haciendo desaparecer la luz de la lámpara y del amanecer. La misma luz que apareció durante la natividad de Jesús en la cueva en Belén, entró por una abertura en el techo. Entonces, rodeados por esta luz monumental, aparecieron unas criaturas angelicales acompañadas de un armonioso murmullo.

Al amanecer las criaturas angelicales se colocaron alrededor de la cama, se inclinaron y levantaron el cuerpo inmóvil de María. Batiendo sus alas más vigorosamente, con más ruido, ascendían hacia el techo, y Juan comenzó a despertarse, quien profundamente dormido hasta ese momento, no había visto nada. Las criaturas angelicales cargaron el cuerpo de María a través de la abertura en el techo, y Juan atónito finalmente terminó de despertarse.

Miró hacia la cama y no vio el cuerpo, entonces miró hacia arriba y vio el hueco en el techo y el cuerpo de María levantado por las criaturas angelicales. Corrió hacia afuera para observar el evento milagroso. Vio el cuerpo sin vida de María ascender cada vez más alto sujetado por los ángeles. Entonces sopló una brisa que voló algunas de las flores que él había colocado en el manto de María y éstas cayeron hacia él.

Juan continuó mirando y comprendió que Dios le había concedido otro milagro, el poder presenciar este evento como si estuviese ascendiendo con María. Vio a la Más Santa Madre siendo recibida por Su Más Santo Hijo, quien, con una belleza indescriptible, descendió rápidamente del Cielo a recibir a Su Madre. La apretó a Su corazón y juntos regresaron a donde Él había venido. En ese momento, la visión de Juan terminó, él bajó su cabeza y le dio gracias a Dios por la dicha de haber contemplado este milagro.

Dice:"¡Gracias, Dios mío! ¡Gracias! Presentía que habría sucedido esto.. Y quería estar en vela para no perder ningún episodio de su Asunción. ¡Pero llevaba ya tres días sin dormir! El sueño, el cansancio, unidos al dolor me han abatido y vencido en el momento que era inminente la Asunción... Pero quizás Tú mismo lo has querido, oh Dios, para que no perturbara ese momento y no sufriera demasiado...Sí, sin duda, Tú lo has querido así, de la misma forma que ahora has querido que viera lo que sin un milagro tuyo no habría podido ver. Me has concedido verla otra vez, aun estando ya muy lejana, ya glorificada y gloriosa, como si estuviera cerca de mí. ¡Y ver de nuevo a Jesús! ¡Oh, visión beatísima, inesperada, inesperable! [*El Evangelio*, X, Página 426]

Después de esto, Juan recolectó los pétalos y se percató de que su dolor había desaparecido. El sabía que podía ir ahora al mundo rezando y predicando la vida de Jesús y María. Con su conocimiento personal, de primera mano, de la vida de María y de la Asunción, planeó decirle al mundo lo que había sucedido.

El 1 de Noviembre de 1950, el Papa Pío XII declara: "Por la autoridad de nuestro Señor Jesucristo, de los Benditos Apóstoles Pedro y Pablo, y por nuestra propia autoridad, dictamos, declaramos y definimos como un dogma divinamente revelado: que la Madre Inmaculada de Dios, la siempre Virgen María, habiendo completado el curso de su vida terrenal, fue asumida en cuerpo y alma a la gloria celestial."

El Papa Juan Pablo II citó a Juan 14:3 de la Biblia como una base bíblica para comprender el dogma de la Asunción de María, donde Cristo, en su discurso de la Ultima Cena explicó, "Cuando me vaya y prepare un lugar para ti, regresaré y te llevaré a mí, que donde yo esté, ahí estarás también."[1]

---

[1] Assumption of Mary. en Wikipedia. Extraído Septiembre 21, 2008, de http://en.wikipedia.org/wiki/Assumption_of_Mary

El Camino de Regreso al Paraíso

María es citada por última vez en la Biblia en Apocalipsis. Esta referencia es la base del último misterio glorioso, "La Coronación de María" en la plegaria del rosario.

Apareció en el cielo una señal grandiosa: una *Mujer*, vestida del sol, con la luna bajo los pies y en su cabeza una corona de doce estrellas. [Ap 12:1]

Esto completa la vida de María hace dos mil años. En el próximo capítulo veremos la vida de María durante los últimos doscientos cincuenta años, haciendo énfasis en los últimos treinta años. La concepción, nacimiento, vida y muerte de María son todos milagrosos, nada en la vida de María es común y corriente. En verdad es sorprendente, mi querido lector, que sepamos tan poco de esta gran mujer. Tal vez estén de acuerdo conmigo en que la persona común no conoce a la Madre. Creíamos que la conocíamos a partir de los pequeños pedazos de información que nos daban la iglesia o nuestras familias, pero la realidad es que casi no sabíamos nada.

María, con su vida y Pasión, deshizo completamente la Caída de Eva en el Paraíso, así como Jesús deshizo la de Adán. Ambos nos redimieron del pecado original de nuestros primeros padres. Ambos nos abrieron las puertas del Cielo para que pudiéramos encontrar la vida eterna. Nos mostraron la perfección de Dios. En realidad, la mayoría de nosotros no sigue este camino y solamente podemos ver la perfección de Dios desde la distancia. Jesús sufrió en carne propia los dolores de la humanidad y María los sufrió en su corazón. Ambos sufrimientos son enormes y redentores. Ambos sufrimientos merecen nuestro mayor respeto y adoración.

Capítulo 11

La Resurrección de María y Sus Mensajes

La Virgen María ha resucitado y está presente en el mundo de hoy de manera muy activa. Su resurrección es tan importante como la de Jesús, que resucitó dos días después de su muerte. Ella nos está buscando por todas partes y nos da Sus mensajes amorosos para que los meditemos y contemplemos. María nos está pidiendo que regresemos a Dios, que usemos la oración y el ayuno como herramientas que nos ayudarán a regresar a casa, y nos está diciendo que no nos queda mucho tiempo.

María se aparece principalmente a los niños y a las personas que llevan vidas muy simples. Hay un mensaje oculto en estas escogencias. María no se aparece a las personas en posiciones de poder o con riquezas. Tampoco se aparece a las personas en posiciones importantes en la iglesia o en el estamento político. Es como si Ella nos estuviese diciendo que deberíamos ser como niños y vivir vidas simples. Jesús también dijo que debíamos ser como niños para entrar en el reino de Dios.

Cuando leemos los mensajes de María a través de los años, nos parecen repetitivos y poco originales. ¿Por qué es esto? Yo creo que es porque Ella nos está pidiendo que hagamos cosas muy simples, por lo que tiene que repetir el mismo mensaje una y otra vez. Los humanos tenemos problemas con la simplicidad, con los mensajes simples. Simple no quiere decir que no sea importante.

Mensaje de María el 30 de Julio, 1987, desde Medjugorje: "Queridos hijos, esta es la razón de mi presencia entre ustedes hace tanto tiempo: para guiarlos en el camino de Jesús. Yo quiero salvarlos y, a través de ustedes, salvar al mundo entero. Mucha gente vive ahora sin fe; algunos ni siquiera quieren oír de Jesús, pero ¡quieren paz y satisfacción! Niños, esta es la razón por la que necesito sus oraciones: la oración es la única manera de salvar a la raza humana." [www.medjugorje.org]

Existe controversia sobre si deberíamos o no creer en apariciones. Algunas personas de mucha fe desestiman por completo las apariciones, porque sólo creen en la palabra del Evangelio. Pero hay evidencia en la Biblia, así como de la iglesia, que confirman el valor de creer en las apariciones verosímiles.

Hay muchas referencias en la Biblia a las apariciones, para mencionar algunas: cuando Abraham ve y habla con los tres ángeles de Dios; cuando a Lot lo visitan dos ángeles de Dios en Sodoma; cuando Jacob lucha con el ángel de Dios; cuando María fue visitada por el Arcángel Gabriel; cuando San Pablo, camino a Damasco, tuvo una visión que lo dejó ciego por tres días. Muchos de los profetas y patriarcas tuvieron frecuente comunicación con Dios. Consideren el pasaje de la Transfiguración, donde Jesús se convierte en un ser de luz y lo acompañan las presencias iluminadas de Moisés y Elías, quienes había abandonado el plano terrestre hacía muchos siglos.

Seis días después, Jesús tomó consigo a Pedro, a Santiago y a Juan, su hermano, y los llevó a un cerro alto, lejos de todo. En presencia de ellos, Jesús cambió de aspecto: su cara brillaba como el sol y su ropa se puso resplandeciente como la luz. En ese momento, se les aparecieron Moisés y Elías hablando con Jesús. Pedro tomó entonces la palabra y dijo a Jesús: "Señor, ¡qué bueno que estemos aquí! Si

La Resurrección de María y Sus Mensajes 173

quieres, voy a levantar aquí tres chozas: una para ti, otra para Moisés y otra para Elías." [Mateo 17: 1-4]

La iglesia católica romana toma una posición muy conservadora y prudente con respecto a las apariciones. En un proceso que generalmente dura varios años, la iglesia confirmará las apariciones solamente después que una investigación cuidadosa pruebe que son auténticas. Aún así, la aprobación de una aparición, generalmente es un reconocimiento a la fuente de inspiración divina del mensaje; que el mensaje no entre en conflicto con las enseñanzas de los Evangelios; y que las apariciones hayan dado buenos frutos. La iglesia también le deja a los creyentes la potestad de creer o no en las apariciones. El Padre René Laurentin, uno de los principales Mariólogos de todos los tiempos e investigador de las apariciones Marianas, dice lo siguiente:

> Las apariciones tienen un importante papel. Cuando entendamos su papel, deberíamos recibirlas con gozo como una gracia de Dios, una luz guiándonos a través de la noche de la fe. Si Dios está desilusionado con nuestra indiferencia y decide enviar a su Hijo o a Nuestra Señora para repetir, con signos de fuego y luz, aquello que ya olvidamos, para que nos convirtamos, para involucrarnos proféticamente en la historia de la salvación, esto en verdad son Buenas Noticias, noticias urgentes, marcando un punto de cambio para el mundo. [Las Apariciones Actuales de la Bendita Virgen María, página 19]

Podemos entonces creer con confianza en las apariciones que han sido probadas auténticas y aprender de los mensajes enviados por María. Revisemos algunas de las más importantes.

En 1531 en México, María se le apareció a Juan Diego, un hombre indígena simple y humilde. Si bien ésta no fue la primera aparición de María, es la más famosa. Se presentó a Sí misma como Nuestra Señora de Guadalupe y le habló en el dialecto local Náhuatl. Guadalupe significa "la que aplastó la serpiente" en Náhuatl. Que coincidencia ¿no creen? María pidió que construyeran una iglesia en ese sitio en honor a Ella, pero cuando Juan Diego fue a decírselo al obispo local, éste no le creyó y le pidió que lo probara con un milagro. María entonces se le apareció nuevamente a Juan Diego y le pidió que colectara flores y se las trajera. Juan Diego recogió muchas rosas por el cerro Tepeyac, una variedad que no crecía localmente y que normalmente no florecía en invierno. El las puso en su tilma, una prenda que se usaba como un largo delantal o también podía usarse sobre los hombros como una capa y era usada para cargar de todo. Juan Diego le llevó las flores a María y Ella misma las reacomodó en su tilma y le dijo que regresara donde el obispo.

Cuando Juan Diego abrió su tilma para presentarle las flores al obispo, la imagen de María estaba milagrosamente estampada en la tela. Esta imagen puede ser vista en el santuario de Nuestra Señora de Guadalupe en Ciudad de México. La imagen ha sido investigada cuidadosamente por científicos quienes han verificado su autenticidad. La imagen además contiene muchas características excepcionales. La fibra de maguey de la cual está hecha la tilma normalmente se desintegraría en veinte o treinta años, pero esta tiene cerca de quinientos años y está intacta. El hecho que más me sorprende es que los ojos de María reflejan la imagen diminuta del obispo, y en los ojos de él, está la imagen de Juan Diego abriendo su tilma frente él. Con esta aparición, María acabó con un largo periodo de sacrificios humanos, práctica común entre los aztecas, y le probó a los europeos que María era la madre de todos. Esta aparición esta aprobada por la iglesia.

La siguiente aparición importante fue en 1830, en Rue de Bac, Paris, Francia, cuando María se le apareció a Santa Catalina Labouré y le mostró la imagen de una medalla que debía ser elaborada. Esta medalla, conocida como la Medalla de la Inmaculada Concepción, también llegó a ser conocida como la "Medalla Milagrosa," porque hay muchos milagros asociados a ella. El frente de la medalla muestra a María dentro de un marco oval, parada sobre un globo, usando muchos anillos de diferentes colores, la mayoría de los cuales emiten rayos de luz sobre el globo. Santa Catalina preguntó porque algunos de

La Resurrección de María y Sus Mensajes 175

Sus anillos no emitían luz, y María le respondió "Son las gracias que la gente olvida pedir." En el marco del ovalo están las siguientes palabras: Oh María, concebida sin pecado, ruega por nosotros que recurrimos a ti. El revés de la medalla muestra el Inmaculado Corazón de María al lado del Sagrado Corazón de Jesús. Esta es la primera vez que ambos corazones se mostraban juntos. Se dice que esta aparición influenció al Papa Pío IX en su definición del dogma de la Inmaculada Concepción en 1854. Esta aparición también esta aprobada por la iglesia.

Más tarde, en 1846, en La Salette, Francia, María apareció ante dos niños y les dio muchas profecías de calamidades que afectarían a Francia. Ella pidió oraciones y conversión para evitar las calamidades, pero eventualmente éstas se cumplieron. Doce años después, el 25 de Marzo de 1858, en la fiesta de la Anunciación, María apareció nuevamente en Francia, en Lourdes, a Bernadette Soubirous. Ella se presentó a Sí misma como la "Inmaculada Concepción," confirmando el dogma establecido cuatro años antes. María le pidió a Bernadette que abriera un hueco en la tierra, algo que inmediatamente hizo, a pesar de las burlas de los lugareños. Poco después, agua empezó a fluir del hueco, y ha continuado fluyendo hasta hoy en día. Muchos milagros han sido reportados por las personas que beben o se lavan con esta agua. María se le apareció a Bernadette dieciocho o diecinueve veces. Estas apariciones fueron aprobadas por la Iglesia.

Las apariciones de María a tres niños en Fátima, Portugal en 1917, coincidieron con la I Guerra Mundial. María se presentó a Sí misma como La Señora del Rosario y les pidió que rezaran el rosario todos los días, reiterándoles muchas veces que el rosario era la clave para la paz personal y mundial. María se le apareció seis veces a los niños y durante Su aparición final Ella anunció que habría un milagro. Cuando llegó el día del anunciado milagro, en presencia de 70.000 personas, incluyendo periodistas y fotógrafos, el sol hizo movimientos fuera de las leyes cósmicas, divirtiendo a los espectadores. Las apariciones de María en Fátima fueron muy controversiales porque Ella pedía por la consagración de Rusia a Su Corazón Inmaculado para salvarla del comunismo. María también predijo que si los humanos no cambiaban ocurriría la II Guerra Mundial. Esta aparición esta aprobada por la iglesia.

En este punto vale la pena hacer una pausa y discutir si estas apariciones son de hecho evidencia de la resurrección de la Virgen María. Si entendemos la resurrección como una demostración visible de vida después de la muerte, al mostrarse o presentarse a Sí misma, María ha demostrado que Ella está viva y bien, así sea en alma. El hecho que los seres humanos la puedan ver y escuchar Su voz es evidencia de Su existencia. Esto es similar a la resurrección de Jesús; Él apareció de la nada y podía ser visto y escuchado. Tomás puso sus dedos en las heridas de Jesús. Con sus manos María arregló las flores de Juan Diego.

Entre 1945 y 1951 María se apareció a Ida Peerdeman en Amsterdam, Holanda, he hizo predicciones de eventos que ocurrieron poco tiempo después. Las apariciones de María en Amsterdam, también aprobadas, dieron a conocer a María como "Nuestra Señora de Todas la Naciones" porque muchos mensajes involucraban la conversión a Dios de todos los pueblos del mundo.

María, en los últimos cien años, se le ha aparecido a mucha gente. Por ejemplo, Sus apariciones en el Cairo, Egipto, en el suburbio de Zeitoun, fueron presenciadas por millones de personas. Las apariciones comenzaron en 1968, un año después de la Guerra de los Seis Días con Israel, y duraron dos o tres años. En las noches se reunían unas 250.000 personas alrededor de la iglesia ortodoxa cóptica de Santa María en Zeitoun. Fueron testigos de éstos eventos egipcios y extranjeros, incluyendo coptos, ortodoxos orientales, católicos romanos, protestantes, musulmanes, judíos y gente sin ninguna religión en particular.

María no habló, simplemente se mostró a Sí misma. Ella aparecía sobre el techo de la iglesia y permanecía allí por horas. Estas apariciones fueron fotografiadas y ampliamente divulgadas por los periódicos del momento y pueden verse en cualquier búsqueda por Internet. A través de estas apariciones, María convirtió a mucha gente con su sola

La Resurrección de María y Sus Mensajes 177

presencia. A través de su silencio Ella envió un mensaje a las personas de todas las religiones permitiendo que su presencia fuese experimentada por el corazón y no por la mente. Muchas veces María apareció sobre el techo de la iglesia portando una rama de olivo, una señal ancestral de paz. También aparecieron volando alrededor del domo de la iglesia, palomas sobrenaturales de luz, otro símbolo de paz. Estas apariciones, justo después de la derrota ante Israel, pueden haber ayudado a sanar las heridas de guerra de Egipto.

Las apariciones en Garabandal, España, aun bajo investigación, comenzaron en 1961 y continuaron hasta 1965, donde se dice que María se le apareció más de 2.000 veces a cuatro niños. Estas apariciones son interesantes por la interacción que María tuvo con los niños. Durante estas apariciones, los niños caminaban en éxtasis a través del pueblo, cantando y bailando con María. Ella les daba un verso de la canción y los niños completaban el siguiente con sus propias palabras.

El momento de las apariciones en Garabandal también fue muy importante, coincidió con la crisis de los misiles cubanos, cuando la aniquilación nuclear amenazaba al mundo. Garabandal está lleno de mensajes proféticos de María y hay mucha controversia sobre estos eventos. Muchas de las apariciones de María coinciden con momentos de gran peligro para el mundo.

Las apariciones en Medjugorje, también bajo investigación, comenzaron en 1981 en este pequeño pueblo de Bosnia-Herzegovina, en lo que solía ser Yugoslavia. Estas apariciones anunciaron los grandes conflictos que afectarían a este país. La separación de Croacia de Yugoslavia comenzó la guerra más brutal que Europa hubiese visto desde la II Guerra Mundial y que dividió a Yugoslavia en varias naciones con una enorme pérdida de vidas.

María se apareció prácticamente todos los días a seis niños: Ivan, Jakov, Marija, Mirjana, Vicka, e Ivanka. Ella apareció por primera vez en la cima de un cerro en Medjugorje, después en una iglesia y luego en las casas de los visionarios. Las interacciones de María con los niños fueron amplias, como lo evidencian las películas, los documentos y los casos investigados. Se estima que hasta el 2007 más de 10.000 mensajes fueron recibidos por los visionarios. Actualmente los visionarios son adultos y María continúa apareciéndose diariamente a tres de ellos (Marija, Vicka e Ivan), una vez al mes a Mirjana, y una vez al año a Jakov e Ivanka.

Hay que destacar que en Yugoslavia coexistían el Islam, las religiones ortodoxas orientales y los católicos romanos. Con sus apariciones en Medjugorje como en el Cairo, María nos trajo la tolerancia y el respeto mutuo por las diferentes religiones. En uno de sus mensajes, María dice: "Deben respetar las creencias de cada hombre. Nadie debe ser despreciado por sus convicciones. Dios es uno e indivisible. No ha sido Dios sino los creyentes quienes han causado la terrible división del mundo." En otro mensaje, refiriéndose a la población de Yugoslavia Ella dijo: "... musulmanes, ortodoxos y católicos para mi hijo y para mi son uno solo. Todos son mis hijos."

He aquí el último mensaje de María desde la Red Medjugorje [www.medjugorje.org], al momento de escribir este libro. En él, María nos pide que oremos por Sus intenciones y nos pide que oremos y ayunemos para que podamos realizar la voluntad de Dios. No podía ser más pertinente para le tema de este libro.

Mensaje de María del 25 de Octubre, 2008 desde Medjugorje:

"¡Queridos hijos! De manera especial los llamo a orar por mis intenciones para que a través de sus oraciones, puedan detener el plan de Satán sobre el mundo, que está cada día más lejano de Dios, y se pone a sí mismo en el lugar de Dios y está destruyendo todo lo que es hermoso y bueno en los almas de cada uno de ustedes. Por tanto, pequeños niños, ármense de oraciones y ayuno para que sean conscientes de cuanto Dios los ama y puedan realizar la voluntad de Dios. Gracias por responder a mi llamado." [www.medjugorje.org]

He aquí otro mensaje de la página web www.medjugorje.org, seleccionado al azar que ilustra la simplicidad y profundidad de los mensajes de María.

Mensaje de María del 25 de Agosto, 2001 desde Medjugorje:

"¡Queridos hijos! Hoy los llamo a que todos ustedes se decidan por

La Resurrección de María y Sus Mensajes

la santidad. Que en ustedes, pequeños niños, la santidad siempre esté en primer lugar, en sus pensamientos y en cada situación, en el trabajo y en el habla. De esta manera, ustedes también la pondrán en práctica y, poco a poco, paso a paso, la oración y la decisión por la santidad entrarán en su familia. Sean reales con ustedes mismos y no se encadenen a las cosas materiales sino a Dios. Y no olviden, pequeños niños, que su vida es transitoria como una flor. Gracias por responder a mi llamado." [www.medjugorje.org]

Otros casos importantes de apariciones recientes han sido reportados en Akita, Japón, en 1973; Betania, Venezuela, entre 1974 y 1984; Cuapa, Nicaragua en 1980; Kibeho, Ruanda, entre 1981 y 1983; Damasco, Siria, entre 1982 y 1990; San Nicolás, Argentina entre 1983 y 1990; Hroushiv (Grouchevo), Ucrania, 1986 y 1988; Cuenca, Ecuador, entre 1988 y 1990; Las Pavas, El Salvador, desde 1992. Hay muchos otros casos de apariciones de María en estos días y se pueden encontrar en internet. Sin embargo, le sugiero al lector que no trate de encontrarlas todas, sino que estudie la más importante de nuestro tiempo, Medjugorje. Les recomiendo los libros de Wayne Weible acerca de su experiencia en Medjugorje, incluyendo uno de los más populares, *La Cosecha Final*. También pueden buscar y leer su libro Milagro en Medjugorje en la página web www.medjugorje.org/weiblep.htm.

El verano pasado, Beatriz, que es oriunda de El Salvador, y yo fuimos al Cerro Las Pavas en El Salvador a conversar con Nelly Hurtado, la visionaria que ha visto y recibido mensajes de la Virgen María desde 1992. Nelly es una mujer salvadoreña, simple, humilde e inteligente que se graduó en ciencias de la computación en Brasil, donde ella fue a estudiar durante la guerra civil en El Salvador. Después de graduada, Nelly empezó a trabajar en Brasil y estaba lista para casarse y permanecer en Brasil, cuando escuchó la voz de María llamándola a regresar a El Salvador. Todos los meses desde 1992, algunas veces dos veces al mes, ella ha estado recibiendo los mensajes de María en el santuario de Nuestra Señora de Fátima en el Cerro Las Pavas.

Pasamos varias horas hablando con ella sobre su vida y sus mensajes y como éstos le cambiaron la vida y trajeron muchos milagros a los que han creído. Los mensajes de María en Las Pavas, quien se aparece como la Virgen de Fátima, son consistentes con aquellos de otros lugares. Nelly explica, que piden por la conversión y por las plegarias del rosario para la paz, y contienen una sensación de urgencia que ha estado aumentando con el tiempo. María frecuentemente se refiere a Las Pavas como un futuro "Faro de Luz" para el mundo. En 2007, María le dijo a Nelly que la iglesia pronto la reconocería como Co-Redentora. La experiencia fue muy hermosa y me permitió acercarme a una de las personas especiales que tienen la suerte de comunicarse con María.

También hablamos de las fotos que se han tomado en el sitio que muestran las puertas del cielo abriéndose y a María atravesando esta puerta para Sus conversaciones con Nelly. Mi suegra ha tenido el privilegio de haber captado estas imágenes. Ella usa una cámara Polaroid, que al parecer tiene la mejor resolución para estas fotos. Si yo no conociera a mi suegra, probablemente tendría las mismas dudas que usted tiene en estos momentos, pero yo sé que son reales porque ella las tomó. Mi suegra no solo ha tomado estas fotos en Las Pavas, sino también ha podido captar la misma puerta en Medjugorje y en otros lugares de apariciones. Por favor refiéranse al Apéndice III para ver algunas de estas fotos.

Unos días después, estábamos en casa de la familia de Beatriz en Costa de Sol en la playa en El Salvador. Fuimos a la misa dominical en una pequeña capilla frente a la casa. El Padre Abel, el sacerdote que sirve en esta iglesia y buen amigo de la familia de Beatriz por muchos años, estaba oficiando la misa. Al final de la misa, justo antes de la bendición, el Padre Abel hizo una extraña observación -- dijo "Mis hijos, nuestra Bendita Madre Virgen nos está pidiendo que nos preparemos, nos preparemos, nos preparemos, porque los tiempos que vienen van a ser difíciles." El dijo otras cosas pero sólo esto pude registrar.

Finalizada la misa y fuera de la iglesia nos aproximamos al Padre Abel y le preguntamos porque había hecho esa observación tan inusual

La Resurrección de María y Sus Mensajes 181

al final de la misa. Nos dijo que al final de la misa tuvo una visión de la Virgen María y que Ella le dijo que transmitiera ese mensaje a la congregación. El pensó para sí mismo que no era apropiado de un sacerdote dar este tipo de mensajes preocupantes y de esa manera, pero María insistió, así que lo transmitió.

Continuó diciéndonos que la imagen de María tallada en madera que cuelga en el frente de la iglesia a la derecha del altar, tiene una historia peculiar relacionada con la familia de Beatriz. Nos dijo que una noche de luna llena, hacía como un mes, un pescador caminaba por la playa frente a la casa de la familia y vio los restos de una canoa de madera. Por curiosidad volteó el pedazo de madera y para su sorpresa vio la imagen de María reflejada en la arena mojada, con doce estrellas alrededor de Su cabeza. Estaba tan impresionado y gozoso por esta experiencia que se llevó el pedazo de madera y talló la imagen que había visto en la arena en la parte interior de la canoa y le regaló la imagen al Padre Abel.

Podrán decir que son solo coincidencias, y lo son, pero todos los días nos están ocurriendo coincidencias. Simplemente no las notamos, porque en ese momento de nuestras vidas, no estamos sintonizados a esa energía. Por ejemplo, yo vivía en Caracas, Venezuela, cuando María estaba apareciendo en Betania, entre 1974 y 1984. Esta aparición recibió la aprobación de la iglesia en Noviembre de 1987, un hito, porque la anterior había sido entre 1932 y 1933. Yo sabía que esta aparición estaba ocurriendo, pero nunca me interesé en ir allá o en aprender más sobre ella. Ahora que estoy escribiendo este libro sobre María, estoy rodeado de coincidencias que La traen, a cada momento, a mi vida.

El aumento de las apariciones Marianas en las últimas décadas no es ninguna coincidencia. John Kirby, en su trabajo titulado *El Día de María: La Venida de María y Nuestra Mutua Transformación del Mundo* dice lo siguiente:

El Día de María ha sido un trabajo de Amor, meticulosamente labrado por 150 años. Y ahora el Día esta casi completo, la escena esta puesta, las invitaciones han sido enviadas, a todos nosotros, y ahora

Medio Día

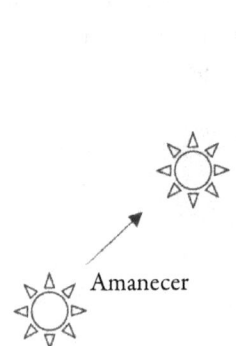

El Día de María

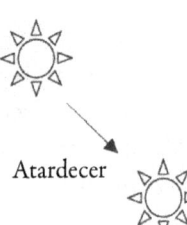

Amanecer   Atardecer

1858
Lourdes, María aparece 18 o 19 veces al amanecer o poco tiempo después

1917
Fátima, 6 apariciones justo al medio día

1961-65
Garabandal, María vino más de 2000 veces a cualquier hora del día o de la noche, ella "se mudó"

1981-presente
Medjugorje, diariamente, cerca de 10.000 veces para finales de 2007: el número se vuelve irrelevante; ella siempre viene en la noche

(Usada con permiso de John Kirby.)

La Resurrección de María y Sus Mensajes 183

depende de nosotros disfrutar la vida ofrecida, ayudar y compartir unos con otros el *como* de una vida radicalmente nueva.

La presencia de María hoy en día en el mundo es tan clara, que es como si Ella se hubiese instalado en la Tierra. Pero ¿porqué Ella se ha "instalado" en la Tierra? ¿Con qué propósito? Sus mensajes nos dan una pista. En todas Sus apariciones y de manera consistente, María nos explica que Ella esta aquí y ahora porque la humanidad ha perdido la dirección y necesita hacer cambios, de lo contrario nos encontraremos en un enorme problema.

En realidad no necesitamos escuchar los mensajes de María para saber que la humanidad está en verdad en un tremendo lío. La sobrepoblación de la Tierra y nuestra frenética carrera para destruir nuestro planeta debería ser evidencia suficiente. Pero aparentemente no nos damos cuenta de la magnitud del problema y María está aquí para tratar que lo entendamos. Con el calentamiento global del planeta y sus inevitables consecuencias, estamos enfrentando uno de los mayores retos de la historia. Vean lo que sucedió en Nueva Orleans en el 2005 con el huracán Katrina, con daños que superaron los $100 billones de dólares, y el tsunami del 2004 que azotó el Océano Indico y dejó a 283.000 personas muertas.

En los últimos meses, mientras escribo este libro, el sistema financiero mundial colapsó, destruyendo con él, trillones de dólares de la riqueza de la gente. No se engañen con la idea de que las ayudas gubernamentales resolverán el problema. Pueden prevenir que el colapso continúe, pero desde un punto de vista colectivo, lo que se perdió, está perdido y nada ni nadie puede recuperarlo milagrosamente. Así que somos más pobres, o menos ricos de los éramos antes. Este colapso del sistema financiero es un golpe duro al capitalismo, la economía de libre mercado que impera en la mayoría de las naciones occidentales. ¿Con qué lo reemplazaremos? No lo sabemos. Es muy pronto aún para saberlo, pero en el futuro sin duda habrá cambios en este frente.

En este contexto de instituciones que se derrumban, de problemas ambientales, de crisis financiera y energética, María viene a nosotros con un mensaje de salvación. Ella nos está diciendo lo que debemos hacer para superar estos problemas. Desafortunadamente muy pocos han estado escuchando. Cuando María y Jesús vinieron al mundo dos mil años atrás, su presencia inmaculada aumentó la conciencia de la humanidad. Nos mostraron el camino para eliminar el sufrimiento en nuestras vidas. Ellos asumieron nuestro sufrimiento para que nosotros no lo padeciéramos. Pero ¿Qué hemos hecho en estos últimos dos mil años con su sacrificio? Pues colectivamente, ¡lo hemos ignorado! Solo unas pocas personas han vivido en la senda que nos dejaron María y Jesús.

A pesar de esto, creo firmemente que en los últimos dos mil años, hemos progresado colectivamente, aumentando nuestro nivel de conciencia. Hoy, somos mejores seres humanos que hace dos mil años. Somos más gentiles, menos violentos, menos tolerantes de la tortura humana y amamos más la vida. Si hemos sido capaces de progresar espiritualmente en el pasado, seguramente tenemos la capacidad y el potencial para progresar espiritualmente mucho más en el futuro.

María nos pide cosas muy simples que nos pueden ayudar enormemente en esta tarea: oración y ayuno. Son tan simples y tan efectivos. La oración y la meditación están íntimamente relacionadas. La primera es una comunicación activa de nosotros hacia Dios. La segunda es una comunicación pasiva, donde escuchamos a Dios. Recuerde que puede rezar durante el día agradeciendo a Dios por las pequeñas cosas: un bonito día ó la sonrisa de un transeúnte. Cuando no reconocemos a otro ser humano con una simple sonrisa o un "hola" o un "buenos días", no estamos reconociendo la presencia de Dios. Trate de encontrar el tiempo para orar, pero también trate de encontrar tiempo para la meditación para que pueda escuchar las respuestas de Dios.

Intente rezar el rosario para que ayude a traer paz a su corazón y al mundo. Recuerde que el rosario es como un mantra, la repetición focalizada de una intención elevada a Dios. El se regocija cuando oramos en esta forma y responde rápido a nuestras solicitudes. Si usted prefiere otro mantra, eso también está bien.

La oración y la meditación ayudan a purificar el cuerpo, haciendo que cada una de nuestras partículas subatómicas vibren a una frecuencia más alta. Intente purificar aún más su cuerpo ayunando una vez por

La Resurrección de María y Sus Mensajes

semana. Recuerde que al Espíritu Santo le gusta residir en un cuerpo limpio y purificado. Mientras más confortable hagamos Su templo, Él residirá más en nosotros y nos haremos más santos. Subamos la escalera al cielo un peldaño a la vez. La forma en que yo lo visualizo, es que cada vez que recibo una gracia de Dios, subo un peldaño más de la escalera. A través de la oración, del ayuno, de la caridad y del servicio podemos recibir gracias de Dios.

Nos es difícil de imaginar que la oración, la meditación y el ayuno, siendo tan simples, sean tan efectivos. Nuestras mentes racionales no pueden comprender este fenómeno místico y terminamos por rechazarlo o abandonamos la práctica, lo cual es un triunfo del ego que condena al planeta y a nosotros. Quiero hacer hincapié en este asunto tan importante— *sencillo no significa inefectivo*—por favor considérelo seriamente. Seamos perseverantes y confiemos en estos misterios. Nos ayudarán a despertar a Dios, y, talvez, algún día alcancemos la iluminación. Por lo menos nos ayudarán a aliviar nuestros dolores e insatisfacciones.

Cuando converso con mis amigos sobre asuntos relevantes de la vida, descubro que existe una insatisfacción subyacente en la mayoría de ellos, una insatisfacción, emocional y espiritual, que a veces raya en la frustración. A pesar de haber conquistado la independencia financiera, el alma todavía no es feliz. Cada vez, con mayor frecuencia, en un mundo que parece dar vueltas cada día más rápido, las demandas externas nos exigen cada día más y nos jalan en tantas direcciones diferentes que perdemos parte de nuestra propia identidad. Esto aumenta la sensación de vacío en el alma. Mientras más olvidamos quienes somos, más nos separamos de Dios y más nuestro alma añora reencontrar el camino a casa. Esta es la sensación de vacío que sentimos.

Recuerdo que durante los trece años de mi primera experiencia corporativa, sentía que vivía mi vida en un tren de alta velocidad dándole constantemente la vuelta al mundo. Había otro mundo a través de la ventana, pero yo no era parte de él. No me podía bajar del tren porque éste nunca se detenía y todo lo que necesitaba estaba en el tren: comida, dormitorio, amigos, trabajo, entretenimiento, etc. No necesitaba salir de él para nada.

Finalmente un día decidí bajarme del tren. Después de muchos intentos fallidos no tuve más remedio que saltar del tren en movimiento. Demás está decir que el golpe fue bien duro, porque la vida fuera del tren es muy diferente. Tuve que hacer personalmente cosas que en el tren uno da por sentadas. ¿Quién arreglará mi computadora? Debo ir personalmente al banco... ¡deben estar bromeando! No fue fácil y me tomó tiempo acostumbrarme a un mundo diferente. Durante todos esos años le permití a mi empleo cambiarme en algo que yo no era. No permitan que esto les suceda con su empleo, con la familia, con los amigos u otros círculos. La mayoría de nosotros no nos damos cuenta de cuánto nos comprometemos en el día a día. Es un proceso gradual, no nos damos cuenta de que está sucediendo. Pero créanme, a todos nos sucede en distinto grado.

Cada vez que tomamos una decisión que compromete nuestra alma, nos alejamos un poquito más de Dios. Si no somos cuidadosos, cuando nos demos cuenta ya nos habremos separado tanto de Dios que no quedará luz en nuestra alma. Este es un lugar muy peligroso, nuestros egos aman estar allí. Nuestros egos harán lo que sea para llevarnos al lugar más apartado de Dios, comenzando por hacernos añorar el reconocimiento de quienes nos rodean, especialmente los amigos, compañeros de trabajo y la familia.

Cuando reemplazamos el reconocimiento de Dios por el de otro ser humano, estamos bailando al son de nuestros egos y cometiendo uno de los más graves errores en la vida. El ego se convierte en un hueco negro voraz, tragándose todo lo que encuentra a su paso. Mientras más crece, más poderoso se vuelve. Adán y Eva cayeron por orgullo. Cuando María nos pide que nos volvamos a Dios, nos está pidiendo que cortemos la dependencia del reconocimiento de otros seres humanos, que enterremos el orgullo. Cuando apostamos al ego, estamos apostándolo todo al caballo equivocado. ¿Por qué necesitamos el reconocimiento de otro ser humano cuando podemos tener el reconocimiento de Dios?

Yo creo que en parte lo hacemos por nuestra inseguridad. Recuerden al Apóstol Tomás que tenía que meter sus dedos en las heridas de Jesús para creer que en verdad El estaba resucitado en frente suyo. Nuestra mente y nuestro ego nos dirán que no debemos apostar

La Resurrección de María y Sus Mensajes

a algo que no podemos ver ni tocar. Nuestro ego nos dirá que es mucho más fácil confiar en gente de carne y hueso. Fíjense como las personas que han estado alejadas de Dios cambian por completo sus vidas cuando se acercan a Él. Se vuelven más espirituales y humildes y eliminan las necesidades del ego. Los Apóstoles tuvieron una experiencia tan profunda de Dios que cambiaron y dedicaron sus vidas a predicar las enseñanzas de Jesús.

Si pudiéramos creer un poquito más que Dios en verdad está ahí para nosotros, observándonos cada minuto, tal vez procuraríamos impresionarlo a Él en vez de a nuestros amigos o colegas. Esto saciaría el hambre y llenaría el vacío de nuestra alma. Pero esto no es suficiente. También debemos internalizar que las posesiones materiales y los avances tecnológicos no nos están produciendo los resultados que esperábamos. No nos están trayendo la felicidad que deseamos. Nos hemos convertido en esclavos de nuestras posesiones materiales y nunca estamos satisfechos. Queremos tener el automóvil de último modelo, el último teléfono, la última televisión, etc., etc. La mayoría de las personas no pueden desprenderse de las posesiones materiales por las que ha trabajado tan duro.

Pero ¿en realidad debemos desprendernos de las posesiones materiales para ser felices? Yo creo que no. El punto es que debemos estar sinceramente dispuestos a desprendernos de ellas para alcanzar a Dios. Cuando tomamos esta decisión de manera conciente, estamos enviándole al universo y a Dios un mensaje muy poderoso, estamos enviando nuestra intención de que estamos dispuestos a cambiar nuestras posesiones por la búsqueda de la felicidad y de la iluminación. No sabemos si Dios decidirá quitarnos nuestras posesiones o no, por lo que debemos estar preparados para aceptar Su decisión. Ese es el riesgo que se nos ha pedido que tomemos.

¿Está usted dispuesta o dispuesto a arriesgarse para acercarse a la perfección de Dios? ¿Está dispuesta o dispuesto a dejar que Dios se haga cargo? Es una decisión muy difícil; una que se debe pensar muy bien. De todas las cosas discutidas en este libro, quizás esta es la más difícil. Kierkegaard dijo "la duda es una parte esencial de la fe". ¿Qué quiso decir Kierkegaard con esto? A lo que se refería es que por ejemplo, no se requiere nada de fe de su parte para saber que este libro existe, porque usted lo está tocando y leyendo. Sin embargo, creer y tener fe en Dios es creer en Él sin poder percibirlo por nuestros cinco sentidos.

Desde mi punto de vista siempre racional, yo creo que si Dios nos quitara a todos las cosas materiales, el planeta estaría lleno de propiedades y cosas sin usar. También estaría lleno de gente sin casa, sin nada que comer ni vestir. No tendría sentido, ¿verdad? En mi caso y desde un punto de vista material, yo tengo todo lo que necesito y desearía tener, pero también creo que no tengo más cosas de las que necesito. En nuestra casa, todo lo que no se usa por un tiempo, se entrega en caridad a aquellos que lo puedan necesitar. Nuestra casa es simple y ordenada porque no tenemos muchas cosas.

Mi inteligente esposa me enseñó que mientras más nos deshacemos de las cosas viejas, más nos abrimos a las nuevas. Para que el universo pueda llevar a cabo nuestras intenciones y proveernos con las cosas que anhelamos, que no llegan porque no hay espacio en nuestras vidas, debemos abrir espacios. Esto lo digo en el sentido figurativo, pero aplica a todos los aspectos de nuestra vida. Al deshacernos de un abrigo viejo, al dejarlo ir, nos abrimos a recibir un regalo emocional que hemos estado anhelando.

¿Me ha quitado Dios cosas materiales? Por supuesto que lo ha hecho. Una de las más dolorosas fue la cantidad de acciones que tenía en mi compañía. Después que renuncié al cargo de presidente, éstas se redujeron a la mitad por una disolución forzada por nuestros socios ingleses. No es agradable ver los frutos de años de trabajo desaparecer. Dios sabe lo que hace y me someto a Su sabiduría. El tiempo dirá por qué esto sucedió.

Yo soy uno de esos a los que les cuesta creer ciegamente y necesita primero comprender las cosas. No es que tenga que verlo para creerlo, como Tomás, pero necesito comprender las cosas en las que creo. Mi curiosidad me ha ayudado a construir una fe más fuerte. Mi curiosidad me ha traído hasta este punto, donde estoy convencido de que Jesús y María vinieron por una razón muy importante, para salvarnos a usted y a mí. A través de mi investigación he descubierto elementos importantes que han solidificado mi posición. Esto me da confianza, me da la seguridad para depositar mi confianza en Dios. Como nunca en mi vida estoy dispuesto a apostarlo todo al proyecto de Dios.

Me maravillan los cambios que ha dado mi vida en los últimos dos años. Nuestra mudanza a Sedona ha sido una bendición para nuestra familia. No puedo explicarles lo que siento cuando miro por la ventana de mi oficina, mientras escribo estas líneas, y veo las hermosas rocas rojas. O lo que siento cuando troto por las mañanas en la ruta de montaña cerca de nuestra casa; la sensación de paz que siento en mi corazón cuando estoy meditando en una de las rocas a lo largo de la ruta; un sentido de paz que solamente llega cuando fluimos libremente río abajo, en paz con uno mismo y con todo lo demás. Este enorme sentimiento de satisfacción sólo lo podemos encontrar en la confianza de una vida en Dios.

Siguiendo los consejos de María, he llegado al estado actual de mi vida, que es como mi propio paraíso. Al entregarme a la voluntad de Dios, ofreciendo muchas oraciones del rosario y unos pocos ayunos; a través de la meditación y la contemplación, a través de la total simplificación de mi vida, como Ella sugiere, he llegado a este punto maravilloso. ¿Es esta la única vía? No me atrevería a afirmarlo. Es una forma que me funcionó a mí y que podría funcionar para usted también. Permitan que María, la amorosa Madre de todos, los consuele y les de el cuidado maternal que su alma puede estar anhelando. Olvide las diferencias que la religión de los hombres ha creado y las divisiones impuestas por las razas o las creencias. María es la Madre de Todas las Naciones, la Madre de Todos los Pueblos, la Madre Universal, y Ella está lista para derramar Su amor sobre usted.

Capítulo 12

El Fin de los Tiempos o Eticalismo

María, en Sus mensajes, nos pide que nos volvamos a Dios, que Lo amemos, que oremos, ayunemos y recemos el rosario. Ella quiere que nuestro comportamiento siga los lineamientos de Dios. Esta es una vía a través de la cual podremos encontrar el Paraíso si realmente nos esforzamos, uno de los caminos a través del cual podremos encontrar la iluminación. Con urgencia María nos está llamando, desde muchos de los lugares donde se aparece, a que nos movamos ahora porque no queda mucho tiempo.

Algunos de Sus mensajes tienen un tono apocalíptico, haciéndonos pensar que estamos al final del camino. Las condiciones actuales del planeta sugieren que una o varias catástrofes podrían suceder en cualquier momento. Abundan los libros y las películas sobre eventos que pudiesen ocurrir debido al cambio climático, terrorismo o enfermedades virales. Según diversas fuentes, existe también la amenaza que en el 2012 ocurra algo grande. ¿Es posible que estemos cerca del fin del tiempo como lo conocemos?

Tanto en Garabandal como en Medjugorje María habló sobre un aviso, un milagro y un castigo. El aviso será algo enviado por Dios y que todos los humanos experimentarán. Entonces vendrá un gran milagro y una señal permanecerá visible en los sitios de las apariciones. Entonces vendrá el castigo, que dependerá de la reacción de la humanidad a los dos eventos anteriores. Según los visionarios, el castigo puede ser reducido a través de la oración. Ha sucedido con anterioridad, a través de las oraciones y el ayuno, la humanidad ha sido capaz de detener guerras y suspender las leyes naturales. En muchos otros sitios de apariciones se han recibido estos mensajes que pronostican los castigos que recibiremos si la humanidad no rectifica.

Actualmente, Medjugorje es quizás la mejor fuente de información documentada, así que me detendré más en estas apariciones en particular. Además de los mensajes recibidos, cada visionario recibirá diez secretos, cuando el décimo secreto sea revelado, María dejará de aparecérseles diariamente. Los secretos son eventos futuros que sucederán en el mundo, algunos pertinentes solo a los visionarios y a sus pueblos y ciudades, otros, a todo el mundo.

Los secretos noveno y décimo están relacionados con el castigo por los pecados del mundo. El castigo puede ser disminuido con las plegarias y el ayuno, como sucedió hace unos años atrás, cuando un mal que amenazaba al mundo, según el séptimo secreto, fue eliminado a través de la oración y el ayuno. Por esta razón, María dijo: "Ustedes se han olvidado que con oraciones y ayuno pueden evitar guerras, suspender las leyes naturales."

Al momento de escribir estas líneas, Mirjana, Jakov e Ivanka han recibido los diez secretos y Marija, Vicka, e Ivan, han recibido nueve secretos. Solamente se les ha permitido revelar un secreto y tiene que ver con una señal visible, sobrenatural e indestructible que aparecerá en la montaña de Medjugorje donde María apareció por primera vez. Esta señal tiene la finalidad de convencer a aquellos que todavía no creen en Dios.

Una vez que María haya entregado el décimo secreto a todos los visionarios, el mundo recibirá tres advertencias, tres sucesos visibles. Mirjana será avisada diez días antes de cada advertencia y se le pedirá que ore y ayune por siete días en presencia de un sacerdote de su escogencia. Entonces, tres días antes de que ocurra la advertencia, el sacerdote le

El Fin de los Tiempos ó Eticalismo   193

anunciará al mundo, que, dónde y cuándo ocurrirá la advertencia. Las tres advertencias ocurrirán en un breve lapso de tiempo. Después que ocurran las tres advertencias, una señal permanente quedará en el cerro de Medjugorje. María dice que queda poco tiempo y clama por la conversión y reconciliación urgentes. [www.medjugorje.org] El mensaje de Medjugorje es un asunto grave, concierne al mundo y a todos nosotros. ¿Estamos cerca del final del tiempo? ¿Sabemos cuándo ocurrirá? Según el mensaje, pareciera que estos eventos ocurrirán durante la vida de Mirjana, que al momento de escribir este libro en el 2008 tiene cuarenta y tres años.

Mensaje de María del 25 de Octubre, 2006 desde Medjugorje:
"¡Queridos hijos! Hoy el Señor me permitió decirles nuevamente que están viviendo en un tiempo de gracia. Ustedes no están concientes, pequeños niños, que Dios les está dando una gran oportunidad para convertirse y para vivir en paz y amor. Ustedes están tan ciegos y apegados a las cosas terrenales y piensan en la vida terrenal. Dios me envió para guiarlos a la vida eterna. Yo, pequeños niños, no estoy cansada, pero veo que vuestros corazones están pesados y cansados para todo lo que es gracia y obsequio. Gracias por responder a mi llamado." [www.medjugorje.org]

¿Es posible que todas estas apariciones de María estén precediendo a Cristo y que estemos a las puertas de Su segunda venida? Es muy posible, pero al mismo tiempo debemos recordar que San Pablo creyó que la segunda venida de Cristo ocurriría durante su vida. Nadie sabe en realidad cuando esto ocurrirá, y si San Pablo se equivocó por lo menos por dos mil años, nosotros también podríamos equivocarnos por muchos años. Es mejor no tratar de buscar o de fijar un día para este evento.

Por otro lado, si nuestra meta es retomar la senda de regreso al Paraíso, si queremos volver a subir la escalera al cielo, debemos hacer algunos cambios en nuestras vidas y en nuestro mundo ahora. Debemos realizar cambios para poder alcanzar la iluminación, para estar llenos de gracia nuevamente y rescatarnos del dolor y del sufrimiento. Los cambios positivos no solo mejorarán nuestras vidas sino que también mitigarán la sed de Dios que tiene nuestra alma.

¿Acaso no tenemos sed de Dios? Cada uno de nosotros manifestará esta sed de diferentes maneras. Aún los no creyentes tienen sed de estar incompletos y les falta algo en sus vidas. Actualmente hay algo que no está funcionando en nuestra sociedad, producto de nuestra separación de la paz y del amor universal. Muchas cosas han contribuido a esto, pero hay un aspecto de nuestra sociedad que es probablemente la esencia del problema, un aspecto que si no lo cambiamos, no podremos progresar colectivamente. Este es el concepto de *crecimiento*.

Sí, muchos de nuestros problemas comienzan con este concepto de crecimiento, estructural e inculcado en nuestra sociedad. En los últimos miles de años, la humanidad ha estado viviendo bajo el concepto de crecimiento, que "más es mejor." Cuando la población del mundo era menor, el crecimiento de la población era visto como una fortaleza, porque traía crecimiento de la economía. Sin embargo, en los últimos cien años, la idea de crecimiento alcanzó su máximo y es hora de que cambiemos de concepto. Quizás debamos pensar en "Estabilidad" o el concepto de que "menos es mejor."

Esta idea de crecimiento funcionó bien por muchos miles de años, pero ya no nos sirve. Por el contrario, es la fuente de muchos de nuestros problemas. En el mundo de los negocios, por ejemplo, el crecimiento ha creado una triste realidad que nos afecta a todos. Los presidentes de las corporaciones tienen una tarea o misión prioritaria, que es vigilar la inversión de los accionistas y garantizar un retorno atractivo a su inversión. Nuestra sociedad está regida por el "retorno a la inversión". Los periódicos y revistas de negocios, así como programas de televisión, están constantemente emitiendo toneladas de estadísticas y clasificaciones para ayudarnos a identificar rápidamente los mejores retornos.

Nosotros, como consumidores, en nuestro deseo de aumentar nuestros retornos, hemos creado un sistema muy sutil que lleva a las corporaciones a hacer precisamente las cosas que después les criticamos. Por ejemplo, los presidentes deben tomar decisiones que a veces pueden no ser las mejores para el ambiente, porque deben alcanzar las ganancias pronosticadas. Wall Street no perdona a los presidentes que

El Fin de los Tiempos ó Eticalismo   195

se equivocan en sus predicciones de ganancias. Luego, como consumidores, protestamos por los efectos ambientales de estas decisiones, aun cuando tengamos acciones de estas corporaciones a través de nuestra pensión o de inversiones de fondos mutuales. En los últimos años, se han descubierto muchos casos de actividades fraudulentas en las corporaciones, debido a la necesidad de mostrar números financieros positivos a Wall Street y a los accionistas.

Este es un problema que necesitamos reconocer. Debemos sustituir la mentalidad del mejor retorno financiero por una nueva mentalidad, que debería incluir alguna medida de comportamiento ético. Supongamos que creamos algo como un Indice de Ética Corporativa (llamémoslo IEC). Las compañías serían ranqueadas según el IEC y los consumidores tendrían entonces otra variable a considerar cuando tuvieran que decidir en donde colocar sus inversiones. Podrían entonces invertir en aquellas corporaciones con el IEC más alto. Los mecanismos para incentivar al mundo de los negocios cambiarían a uno que abarque aspectos de ética comercial y social. El fin ya no justifica los medios. Ahora los medios son iguales o más importantes que el fin. El IEC sería, en cierto sentido, una medida de la "santidad" de la corporación. Para mayor información sobre el IEC, por favor refiérase al Apéndice IV.

<u>Mensaje de María del 25 de Mayo, 2006 desde Medjugorje:</u>
"¡Queridos hijos! También hoy los llamo a poner en práctica y ha vivir mis mensajes que les estoy dando. Decídanse por la *santidad*, pequeños niños, y piensen en el cielo. Solamente de esta manera tendrán paz en sus corazones que nadie podrá destruir..." [www.medjugorje.org]

¡Al capitalismo se le acabó la gasolina! Debe ser reemplazado por un nuevo orden basado en la ética, aquí lo llamaremos "Eticalismo." Este es precisamente el mensaje de María para el mundo. Debemos regresar a la ética y al sentido común bueno y moral. Necesitamos más santidad. Hay demasiadas cosas que simplemente no están bien y que no nos conducen a nada bueno. El cambio debe comenzar con cada uno de nosotros, en nuestra vida personal, en nuestro hogar y nuestra familia. Debemos cuidarnos de hacer juicios cuando hacemos esto, porque hay mucha gente en el mundo con opiniones diferentes sobre todo tipo de asuntos, y merecen ser respetados. Debemos simplificar nuestras vidas y comenzar a considerar que más no siempre es mejor.

SIMPLIFICANDO NUESTRAS VIDAS

María quiere que simplifiquemos nuestras vidas y nos convirtamos nuevamente en niños. La mayoría de las personas que han alcanzado altos niveles de desarrollo espiritual viven vidas simples. Incluso cuando han llegado a ser adinerados o poderosos, viven vidas sencillas. Piensen en Mahatma Gandhi, quien siendo el principal líder político y espiritual de la India, vivía la vida más simple que se puedan imaginar, Gandhi la llamaba "reduciéndose a cero," lo que implicaba renunciar a gastos innecesarios y admitir un estilo de vida simple.

Piensen también en la Madre Teresa, otro excelente ejemplo contemporáneo de alguien que vivió una vida simple. Todas sus pertenencias cabían en una pequeña maleta o caja. Al momento de su muerte, los Misioneros de la Caridad de la Madre Teresa operaban 610 misiones en 123 países. Que logro tan excepcional. La simplicidad no significa que vivirán vidas insignificantes, como está bien ejemplificado en estas dos personas. Si en verdad lo deseamos, todos podemos simplificar nuestras vidas. Esto es algo que está bajo nuestro control.

Mensaje de Nuestra Señora a través de Mirjana, 02 de Septiembre, 2007: "... Denme sus *corazones simples*, purificados por el ayuno y la oración. Sólo en la *simplicidad de vuestros corazones* está vuestra salvación..."

Mensaje de Nuestra Señora a través de Mirjana, 02 de Mayo, 2008: "Por la voluntad de Dios estoy aquí con ustedes en este lugar. Yo deseo para ustedes que me abran sus corazones y que me acepten como madre. Con mi amor les enseñaré *simplicidad* de vida y riqueza de misericordia y yo los guiaré a mi Hijo..."

El Fin de los Tiempos ó Eticalismo

Beatriz y yo queríamos simplificar nuestras vidas y sabíamos que el primer paso era salir de Miami. Queríamos mudarnos a una ciudad más tranquila, donde el costo de la vida fuese menor. Solo entonces podría darme el lujo de dejar mi trabajo, que ya no era compatible con el estilo de vida que María había grabado en mi corazón. Al vender nuestra casa en Miami podíamos comprar una similar por la mitad del costo en otro lugar de los Estados Unidos, y la diferencia la podíamos poner en el banco para cubrir los gastos.

El costo de la vida se había disparado en Miami como resultado del crecimiento exponencial de la ciudad y del aumento de los costos producto de los huracanes. Hoy en día aquí en Sedona pagamos doce veces menos en impuestos y en el seguro de la casa de lo que pagábamos en Miami. Dado que vivimos en una ciudad pequeña, donde las distancias son cortas y no hay tráfico, gastamos alrededor de un cuarto de lo que gastábamos en gasolina. Además, la mayoría de las cosas son más económicas aquí que en Miami.

El mudarnos a una ciudad más pequeña nos ayudó a simplificar nuestras vidas al quitarme de encima la enorme presión financiera. El estilo de vida de una ciudad pequeña comparado con el de una ciudad agitada como Miami, conllevó a la simplificación en otras áreas. Ahora pasamos más tiempo en contacto con la naturaleza que en los centros comerciales, divirtiéndonos más en la seguridad y comodidad de nuestra casa en vez del ambiente cuestionable de Miami Beach, contemplando más y con una mayor sensación de paz total.

En el mundo de hoy es vital que las personas y las familias pasen más tiempo en tranquilidad, en silencio. Debido a la cantidad de ruido a nuestro alrededor y a nuestras vidas agitadas, nos hemos separado muchísimo de Dios. No hay tiempo para la meditación silenciosa, para la contemplación, para la oración, para el silencio. Todos han sido reemplazados por las distracciones mediáticas que nos rodean, por teléfonos celulares y todo tipo de aparatos electrónicos que no nos dejan desconectarnos del mundo. La gente se molesta o se pone ansiosa si no recibimos sus llamadas o respondemos inmediatamente a sus mensajes de texto, como si estuviéramos haciendo algo malo al no contestar.

Hemos hipotecado nuestras vidas para adquirir más de lo que no necesitamos. En esta frenética persecución del "más," no tenemos tiempo para nuestras almas, para nuestra relación con Dios. Nuestra mente o ego, está extremadamente feliz porque ha logrado separarnos y tomar el control de nuestras vidas. El ego define nuestras vidas por las metas que nos hemos trazado: "necesito una casa más grande," "necesito un carro mejor," "necesito..."

Si cambiamos nuestras metas podremos cambiar nuestras vidas. ¿Y si su meta fuese simplemente mantener las cosas que tienen o talvez reducirlas? ¿Y si decidieran mudarse a una casa más pequeña, comprar un carro más económico y deshacerse de uno de los cuatro televisores que tienen en la casa? Si sus demandas financieras disminuyeran, ¿no disminuiría también su estrés? Yo creo que en el futuro la ruta a escoger será "menos es mejor" en vez de "más es mejor".

Siempre culpamos a otras personas o al gobierno por nuestros problemas. Es la naturaleza humana. Lo que quiero transmitirles es que hay muchas cosas que están bajo nuestro control con las que podemos ejercer nuestro poder. Si no compramos los productos de una compañía que está dañando el ambiente, estamos demostrando nuestro poder. Si usamos un teléfono por tres años, en vez de cambiar al último modelo cada año, estamos demostrando nuestro poder. Si nos mudamos a una casa más pequeña, estamos demostrando nuestro poder. Comenzamos a estar en control de nuestra vida en vez de estar controlados por la vida.

Al recuperar el control de nuestras vidas, comenzaremos a tener más tiempo para la introspección, la diversión y la vida en familia. Seremos más efectivos en sustraer a nuestros hijos del mundo electrónico. A medida que nos enfocamos más en la simplicidad y menos en lo que nuestro vecino tiene, nos sentiremos relajados y libres. Ya no tenemos que impresionar a nadie más que a Dios. ¡Qué sensación, qué alivio! La próxima vez que se descubran tratando de impresionar a sus colegas, sus amigos, o su familia, deténganse ahí mismo y pregúntense, "¿A quien estoy engañando?" ¿Por qué querría impresionar a esta persona en vez de impresionar a Dios?

El Fin de los Tiempos ó Eticalismo 199

Mensaje de María del 25 de Noviembre, 2007 desde Medjugorje: "¡Queridos hijos! Hoy cuando celebren a Cristo, el Rey de todo lo creado, yo deseo que Él sea el Rey de vuestras vidas. Solo a través del dar, pequeños niños, podrán ustedes comprender el regalo del sacrificio de Jesús en la Cruz por cada uno de ustedes. Pequeños niños, *denle tiempo a Dios* quien puede transformarlos y llenarlos con Su gracia, para que ustedes puedan ser una gracia para otros. Por ustedes, pequeños niños, yo soy un regalo de gracia y amor, que viene de Dios para este mundo sin paz. Gracias por responder a mi llamado." [www.medjugorje.org]

Probablemente usted esté familiarizado con la historia del "Centésimo Mono". Para aquellos que no lo están, haré un breve resumen. En 1952, científicos japoneses alimentaban a una especie de mono japonés con batatas. A los monos les gustaban las batatas más no la tierra que traían. Un día, un mono ingenioso tuvo una chispa de inteligencia y lavó la batata en un riachuelo cercano. Luego, este mono le enseñó a otros como lavar las batatas, y en unos pocos años, la mayoría de los monos habían adoptado este comportamiento.

Lo increíble de esta historia es que en 1958 sucedió algo extraordinario. Un día, prácticamente al mismo momento, los monos de las colonias en otras islas, que nunca habían estado expuestos a esta experiencia, comenzaron a lavar las batatas. No fue un proceso gradual de aprendizaje como en la primera isla, sino una repentina adopción colectiva de una habilidad que nunca había sido parte de su comportamiento previo. ¿Por qué ocurrió esta evolución en los monos de las otras islas? La explicación que ha sido ofrecida y confirmada por otros ejemplos en la naturaleza, es que una vez que un cierto numero de individuos de una especie aprende una nueva habilidad, alcanzan la "masa crítica", entonces toda la especie inmediatamente la adopta.

La historia de los monos y las batatas se ha repetido en la naturaleza con otras especies, estando éstas mejor documentadas científicamente.

Lo que no se sabe es cuantos individuos se necesitan para alcanzar la masa crítica para que ocurra el salto evolutivo. Lo que tampoco se sabe es si este proceso puede ser extrapolado a los humanos. No hay razón para creer que no pudiera serlo. Los humanos son fácilmente influenciables por la moda y las tendencias, por lo que podríamos ser mucho más susceptibles que otras especies a este tipo de fenómeno. Si el fenómeno del Centésimo Mono también es aplicable a los seres humanos, entonces cuando un número suficiente de seres humanos valoren el concepto de "menos es mejor" y adopten el Eticalismo como forma de vida, talvez la conciencia de toda nuestra especie pudiese dar un salto evolutivo.

No soy una persona apocalíptica y creo que el castigo anunciado puede ser evitado. Como lo mencioné antes, yo creo que María nos está recordando, de una forma muy asertiva, la necesidad de cambiar y nos dice que si no lo hacemos, nos quitarán muchas de las cosas hermosas que hoy disfrutamos. Por como van las cosas, si no cambiamos voluntariamente, la Madre Tierra nos hará cambiar a la fuerza. María nos está diciendo que Dios quiere la conversión de todos y cada uno de nosotros y que todos somos importantes para Su gran plan para el mundo.

Mensaje de María del 25 de Junio, 2007 desde Medjugorje: "¡Queridos hijos! También hoy, con gran alegría en mi corazón, yo les llamo a la conversión. Pequeños niños, no se olviden que *todos son importantes en este gran plan*, que Dios dirige a través de Medjugorje. *Dios desea convertir a todo el mundo*, llamarlo a la salvación y al camino hacia Sí mismo, que es el principio y el fin de cada ser. De manera especial, pequeños niños, del fondo de mi corazón, los llamo a abrirse a esta gran gracia que Dios les da a través de mi presencia aquí. Deseo agradecerle a cada uno de ustedes por los sacrificios y oraciones. Estoy con ustedes y los bendigo a todos. Gracias por responder a mi llamado." [www.medjugorje.org]

Cuando, como especie, hayamos alcanzado un nivel más alto de conciencia, estaremos un paso más cerca del Paraíso, que, como expresó

El Fin de los Tiempos ó Eticalismo

Anne Catherine Emmerich, aún está "allá afuera". Los físicos han elaborado teorías muy interesantes que explican como el universo funciona, entre ellas, la teoría de los universos paralelos. Yo no soy físico y sus teorías van más allá de mi capacidad de entendimiento, pero es posible que algunos de los universos paralelos existan en un nivel de vibración energética mayor, tal y como las ondas de radio, televisión y teléfonos celulares existen a nuestro alrededor y no son visibles para nosotros. Quizás el universo que vibra a una frecuencia más alta está alrededor de nosotros, pero tampoco lo podemos ver.

Mencioné anteriormente que mi suegra toma fotografías de los sitios donde aparece María en El Salvador. Estas fotos, presentadas en el Apéndice III, muestran lo que es casi imposible explicar en palabras. Ellas muestran las puertas del cielo abriéndose cuando María emerge y muestran una línea horizontal de lo que pudiera ser otra dimensión. Una de las fotos más increíbles que he visto, muestra dos estructuras piramidales doradas flotando en el aire en frente de unos árboles, que también pudieran ser de otra dimensión. Quizás algún día, científicos curiosos puedan comprender porqué estas imágenes son capturadas con tanta elocuencia en película Polaroid.

Es muy posible que si aumentamos nuestro nivel de conciencia y nuestro conocimiento, pudiéramos trascender a uno de estos universos paralelos, "despedirnos de este mundo" y regresar al Paraíso. Recuerden que Adán y Eva fueron expulsados o arrojados del Paraíso. ¿A dónde fueron cuando esto sucedió? Fueron a otro mundo donde vibraban a una frecuencia menor, que es el mundo en el que vivimos hoy en día. María está aquí ahora para llevarnos a todos de regreso al Paraíso. Nadie tiene por qué quedarse atrás, solamente debemos alcanzar la masa crítica de individuos iluminados que viven según la voluntad de Dios.

Mientras estamos en este mundo, todos estamos viviendo un sueño, una ilusión. Nuestra vida no termina con la muerte. Esta es simplemente un punto de transición en el cuál dejamos nuestro cuerpo para convertirnos nuevamente en los seres espirituales y luminosos que realmente somos. La física quántica ha probado que nuestro cuerpo y nuestros alrededores, incluyendo la Tierra y el universo, es mayormente espacio vacío. Todo es mayormente espacio vacío, las cosas que tocamos, las cosas que vemos y todo lo que percibimos a través de nuestros cinco sentidos. La complejidad de nuestra mente es tal, que puede crear un escenario en el cual existimos y experimentamos la vida de la forma en que ella quiere que lo hagamos. La creación colectiva de seis billones de mentes que viven en la Tierra hoy es lo que le está dando al mundo la forma que percibimos y experimentamos.

A medida que cada una de estas mentes individuales comience a comprender que somos el producto de nuestra propia imaginación y, que si cambiamos nuestros pensamientos también cambiaremos nuestra percepción de la realidad, de nuestra existencia, entonces la humanidad comenzará a cambiar. Este proceso ya está en marcha. Hoy en día cientos de miles de personas en el mundo ya han incorporado esta información vital en sus mentes conscientes. Muchas de estas personas, a través de sus intenciones en oraciones y meditación, incluyendo el rosario por la paz, ya están cambiando el mundo para todos nosotros. María nos pide que oremos por la santidad y la paz y esto es a lo que Ella precisamente se está refiriendo.

Mensaje de María del 25 de Junio, 2006 desde Medjugorje: "¡Queridos hijos! Con gran regocijo en mi corazón *les agradezco a todos por sus plegarias* que, en estos días, ustedes ofrecieron por mis intenciones. Sepan, pequeños niños, que no lo lamentarán, ni ustedes ni sus hijos. Dios los recompensará con grandes gracias y ustedes merecerán la vida eterna. Estoy cerca de ustedes y les agradezco a todos los que, a través de estos años, han aceptado mis mensajes, los han volcado en su vida y se han decidido por la *santidad y la paz*. Gracias por responder a mi llamado." [www.medjugorje.org]

En el pasado, la ciencia nos separó de Dios, ahora esto ya no es así; el progreso científico nos está regresando a Dios. El impresionante avance del conocimiento y comprensión de la física cuántica y las implicaciones de cómo los humanos percibimos la realidad, no puede ser subestimada. Colectivamente podemos cambiar nuestros pensamientos y colectivamente podemos cambiar el mundo. Sin embargo, para cambiar nuestros pensamientos colectivos, primero debemos cambiar nuestros pensamientos individuales.

Entonces ¿qué sucederá con el mundo cuando nos mudemos nuevamente al Paraíso? En realidad esta respuesta no importa, ya no sería relevante. El mundo como lo conocemos, incluyendo las estrellas que vemos en el firmamento, es una creación de nuestra mente colectiva. Una vez que empecemos a pensar en un mundo diferente, en nuestra experiencia, el viejo mundo será reemplazado por el nuevo. Tal como el Paraíso esta "allá afuera", el antiguo mundo, viéndolo desde el Paraíso, también estará "allá afuera." Es posible que regresemos a este mundo al separarnos nuevamente de Dios. Es posible que el viejo mundo sea el lugar donde permanezcan aquellos monos que se negaron a aprender a lavar las batatas. Sabemos que hay algunos de ellos entre nosotros.

Una de las teorías de porqué la antigua civilización maya desapareció repentina y misteriosamente de la historia, es que alcanzaron un nivel de conciencia que les permitió trascender a otro mundo. Durante el siglo noveno, los centros de la civilización maya fueron repentinamente abandonados y se detuvo la construcción de proyectos arquitectónicos a gran escala y las inscripciones monumentales. Los mayas cayeron en un largo periodo de declinación que persistió hasta la llegada de los españoles a América; y conocemos el resto de la historia. Parecería como si la gente que tenía el conocimiento se fue súbitamente a otro lado, quedándose atrás aquellos que no tenían el conocimiento. Otras teorías apuntan a posibles desastres ecológicos, cambio climático y enfermedades epidémicas.

Antes de su colapso, los mayas habían alcanzado niveles increíbles de conocimiento y progreso. Eran arquitectos magistrales, tenían escritura, eran artistas excepcionales y tenían profundos conocimientos matemáticos. Los conocimientos astronómicos que tenían sorprenden a los científicos de hoy. Hay que poner las cosas en contexto: cuando los mayas predijeron que el 21 de Diciembre de 2012, el equinoccio de ese año, el sol estaría en el centro de nuestra galaxia, la Vía Láctea, nuestras mejores mentes "modernas" todavía estaban pensando en que el sol era el centro del universo. Hasta el siglo catorce, quienes se atrevieran a contradecir este concepto eran quemados en la hoguera. ¿Estamos preparados para esta evolución de conciencia?, ¿a poner fin a nuestra separación de Dios? ¿Deseamos verdaderamente trascender a planos de vibración superior donde encontraremos el Paraíso? Si bien parece una decisión obvia, no es nada simple. No todos están preparados para dejar su estilo de vida actual. Las personas que ya viven vidas simples o que tienen muy poco, probablemente estén listos a dejarlo todo atrás. Pero esta decisión es muy difícil para aquellos que están muy aferrados a las cosas materiales.

"Qué difícil es que los que tienen riquezas entren en el Reino de Dios. Pues es más fácil para un camello pasar por el ojo de una aguja, que para un rico entrar en el Reino de Dios." [Lucas 18:18–25]

He aquí lo que Beatriz y yo hacemos al respecto. Nos consagramos a María cada mañana; ofrecemos nuestra riqueza material, la salud y la familia a Ella y a la gracia de Dios. Es importante hacerlo a primera hora en la mañana, porque de lo contrario no se hace. Si ponen a Dios de primero en sus vidas, las cosas caerán por su propio peso y serán recompensados durante el día. Se darán cuenta que andan menos apurados, con menos estrés y con mucha más paciencia para enfrentar el día.

Consagración a María

La forma en que ofrecemos la consagración a María fue recibida por Beatriz en una meditación y posteriormente confirmada y mejorada a través de nuestras lecturas. La consagración de Beatriz incluye la ofrenda de su cuerpo físico, mental, emocional y espiritual, junto con su libre albedrío. Después de haber leído a San Luis de Montfort en *Verdadera Devoción por María*, confirmamos cuan importante era consagrarnos a María.

La consagración que yo uso es más o menos así:

El Fin de los Tiempos ó Eticalismo

Yo me consagro a Ti, Madre Santa, sabiendo que al hacer esto, estoy agradando y consagrándome también a Jesús. Yo sé que tomarás esta consagración y con tu embellecimiento, amor y purificación, Tú se la presentarás al Padre, quien Te ama mucho y Te escucha atentamente.

Consagro todo mi cuerpo a Ti, Madre; consagro mis cinco sentidos a Ti; yo consagro mi mente pensante y todos sus pensamientos, especialmente los buenos pensamientos; consagro mi corazón y todos sus sentimientos, especialmente los sentimientos felices; yo consagro mi espíritu y mi alma a Ti.

Consagro a Ti, mi querida Madre, todas mis posesiones, incluyendo mi casa, mis automóviles, mi cuenta bancaria, todos mis aparatos electrónicos, los muebles y adornos de mi casa y mi ropa, todo lo que tengo. Yo consagro a Ti mi trabajo y todo lo bueno que ha resultado y resultará de él; y consagro a Ti mis hijos.

Mi dulce Madre, soy todo Tuyo, incluyendo mis talentos y mi libre albedrío. Por favor permíteme la sabiduría para saber cual es la voluntad de Dios en mi vida y dame el coraje para siempre seguirla.

La consagración de De Montfort es más religiosamente correcta, pero se me hace más difícil recordarla y repetirla. He incluido la consagración de Montfort en el Apéndice V porque estoy seguro de que algunas personas estarán encantadas de usarla.

Lo que hace la consagración es ofrecernos a nuestro Señor, en todos los aspectos, no sólo en el material, como hemos estado discutiendo. Nos hace más dispuestos a escuchar a Dios y a seguir Su voluntad. Cuando ofrecemos nuestras posesiones materiales a Dios, le permitimos al universo hacer mejor uso de éstos, y generalmente el resultado es mejor.

Abraham, al seguir la voluntad de Dios se convirtió en un hombre muy rico. Su riqueza fue pasada de generación en generación, incluyendo a Isaac y Jacob. El hijo de Jacob, José, que continuó el linaje, fue vendido por sus hermanos como esclavo y terminó en Egipto, sin posesiones materiales ni libertad. Pero poco después, al ser leal a Dios, se volvió muy rico y el asesor más importante del faraón. El rey Salomón, después de pedirle a Dios que quería hacer siempre Su voluntad, se convirtió en el hombre más rico de su tiempo y con él, los israelitas experimentaron su periodo más glorioso.

La historia está llena de ejemplos de bondad y bendiciones materiales otorgadas por Dios a las personas que hacen el bien, que hacen Su voluntad. Dios quiere que tengamos éxito, que hagamos el bien y que lo repartamos por el mundo.

Mensaje de María del 25 de Febrero, 2006 desde Medjugorje:

"¡Queridos hijos! En este tiempo de gracia de la Cuaresma, los llamo a abrir sus corazones a los regalos que Dios desea darles. No se cierren, pero con oraciones y renuncia digan 'sí' a Dios y El les dará en abundancia. Tal como en la primavera la tierra se abre a las semillas y rinde cien veces más, así también su Padre celestial les dará en abundancia. Estoy con ustedes y los amo, pequeños niños, con un dulce amor. Gracias por responder a mi llamado." [www.medjugorje.org]

La Parábola de los Talentos en Mateo 25:14–30 es quizás uno de los mejores ejemplos de como Dios quiere que manejemos la riqueza. La he usado muchas veces en estos últimos años para explicarle este concepto a mis amigos. Dice así: Un individuo muy adinerado y con grandes posesiones se iba a ausentar por un tiempo, entonces le dio a cado uno de sus tres sirvientes algo de oro, en proporción a sus habilidades. Al primero le dio cinco talentos (una medida de oro), al segundo dos talentos y al tercero, sólo un talento. Se fue por un largo tiempo y les dijo que cuidaran bien de su oro. Después de un tiempo regresó y preguntó a cada sirviente que habían hecho con sus talentos.

El primero le explicó que había invertido sus cinco talentos y ganado cinco más. El señor se contentó y le dijo que se quedaría con él y que le daría mayores riquezas. El segundo explicó que también había invertido sus dos talentos y ganado dos más. Nuevamente el señor lo recompensó diciéndole que estaría a su lado y que le daría mayores riquezas. El tercero explicó que como le tenía temor a él y a perder el dinero que le había dado, había decidido enterrar el talento, por lo que solo le devolvió al amo su único talento. El amo se molestó con este sirviente y lo castigó expulsándolo de su reino y le dio su talento al primer sirviente.

Dios, representado aquí por el amo, recompensó a los sirvientes que usaron bien sus talentos y castigó al que no lo utilizó. Fíjense que el sirviente castigado no robó ni utilizó su talento de mala forma. Pero en los ojos de Dios, su falta fue el no intentar hacer algo con él. También es importante que Dios le haya dado el talento del tercer sirviente al primero. Dios invertirá Su riqueza en aquellas personas que Le den el mayor retorno por Su inversión espiritual. Dios no detesta la riqueza, El creó la riqueza. ¿Por qué detestaría algo que El mismo ha creado? El quiere que seamos ricos para que podamos hacer Su trabajo en la Tierra. Así que no tengan miedo de consagrar su riqueza directamente a El, o como lo hago yo, a través de María.

La Parábola de los Talentos es mi favorita porque explica muchas cosas. Sustituya los talentos, una medida de riqueza, por sus dones, sus habilidades, aquellas cosas en las que usted sabe que es buena o bueno. Quizás sea su habilidad para trabajar con números, o su habilidad para cantar, o para correr rápido, o quizás la habilidad para diseñar casas hermosas, o para cocinar platillos deliciosos. ¿Qué está haciendo usted con los talentos que Dios le dio? ¿Está conciente que estos talentos le pertenecen a El? ¿Cuándo se encuentre usted con el Señor nuevamente y Le pregunte, "Que has hecho con los talentos que te dí? ¿Les has dado un buen uso?" ¿Que le contestará usted?

Espero que cuando llegue el momento, su respuesta sea del agrado de Dios. Espero que sus talentos hayan dado buenos frutos y que Dios esté complacido. Espero que usted pueda decir:

"No deseo más que hacer tu voluntad." [Salmo 40, Verso 9]

Con esto llegamos al final de esta travesía. Espero haber podido darle algo de nuevo conocimiento, que haya podido usar mis talentos de manera efectiva para acercarla o acercarlo a Dios. De usted depende su relación futura con la Madre Universal. Pero recuerde que María esta ahí para usted y para mi; para todos, blancos y negros y todos los demás. Ella está ahí para los judíos, los musulmanes, los budistas, para los de todas las religiones. Ella está ahí para hombres y mujeres, viejos, jóvenes y niños. María nos está esperando a cada uno de nosotros. Como Ella se lo dijo en un mensaje a Linda Dillon, una buena amiga: "No descansaré hasta que no haya alcanzado a cada uno de ustedes, aun cuando eso signifique que debo estar en cada casa, en cada sala." Así que abramos nuestros corazones a María, dejemos que nos cargue en Sus preciosos brazos y que nos consuele y reconforte como la dulce y amante Madre que es.

Apéndice I

El Rosario

La palabra rosario significa "corona de rosas." María explica que cada vez que repetimos un "Ave María," le damos una hermosa rosa y cada vez que completamos el rosario, le hacemos una corona de rosas. El rosario es considerado la oración perfecta porque con sus misterios revivimos las vidas de Jesús y María y ganamos nuestra Redención.

La Oración

El rosario es un cordón circular con cuentas dividido en cinco decenios de diez cuentas pequeñas; cada decenio está separado del siguiente decenio por una cuenta más grande. Por cada cuenta pequena, se reza un "Ave María" y por cada cuenta grande, se reza un "Padre Nuestro." Cada decenio representa un misterio o evento en la vida de Jesús. Hay cuatro grupos de "Misterios del Rosario" que se rezan en días diferentes:

Los Misterios Gozosos se rezan los lunes y sábados
Los Misterios Dolorosos se rezan los martes y viernes
Los Misterios Gloriosos se rezan los miércoles y domingos
Los Misterios Luminosos se rezan los jueves

Antes de comenzar a rezar cada decenio, se anuncia el Misterio correspondiente en la cuenta grande. Luego, a medida que reza los siguientes diez "Ave Marías", se medita sobre el correspondiente Misterio. (La lista completa de los Misterios se encuentra al final de este Apéndice).

Además del cordón circular, un Crucifijo cuelga de una de las cinco cuentas grandes a través de otra cuenta grande seguida de tres cuentas pequeñas. Estas se rezan antes de las del cordón circular de la siguiente manera: La "Señal de la Cruz" para comenzar; el "Credo de los Apóstoles" se reza en el Crucifijo; el "Padre Nuestro" se reza en la cuenta grande; y el "Ave María" se reza en cada una de las tres cuentas pequeñas. No hay Misterios asociados a estas oraciones, que son las plegarias introductorias antes de los decenios.

Después de las oraciones introductorias y después de cada decenio, se reza un "Gloria al Padre." El 13 de Junio de 1917 en Fátima, María pidió que se agregara una oración adicional después de cada decenio del rosario (no en las plegarias introductorias). La "Oración de Fátima", una plegaria de misericordia a Jesús y una intercesión para las almas de los que ya partieron, se reza después del "Gloria al Padre." Al final de la "Oración de Fátima" del quinto decenio, se reza el "La Salve," y se repite la "Señal de la Cruz" para concluir el rosario.

La Señal de la Cruz

En el nombre del Padre, del Hijo y del Espíritu Santo. Amén.

Oración Antes del Rosario

Después de la "Señal de la Cruz", puede comenzar el rosario con una oración con lo que sea que inspire su corazón, incluyendo sus intenciones, pero recuerden de incluir las intenciones de María para la paz del mundo y la conversión de toda la gente.

El Rosario

El Padre Nuestro

Padre nuestro, que estás en el cielo, santificado sea tu Nombre; venga a nosotros tu reino; hágase tu voluntad, en la tierra como en el cielo. Danos hoy nuestro pan de cada día; perdona nuestras ofensas, como también nosotros perdonamos a los que nos ofenden; no nos dejes caer en la tentación y líbranos del mal. Amén.

El Ave María

Dios Te salve María llena eres de gracia, el Señor es contigo, bendita Tú eres entre todas las mujeres y bendito es el fruto de tu vientre, Jesús. Santa María Madre de Dios ruega por nosotros, pecadores, ahora y en la hora de nuestra muerte. Amén.

Gloria al Padre

Gloria al Padre, al Hijo y al Espíritu Santo. Como era en el principio, ahora y siempre, por los siglos de los siglos. Amén.

Oración de Fátima

Oh Jesús, perdónanos nuestros pecados, sálvanos del fuego del infierno y guía a todas las almas al Cielo, especialmente aquellas que necesitan más de tu misericordia.

Credo de los Apóstoles

Creo en Dios, Padre todopoderoso, Creador del cielo y de la tierra. Creo en Jesucristo, su único Hijo, nuestro Señor, que fue concebido por obra y gracia del Espíritu Santo, nació de Santa María Virgen, padeció bajo el poder de Poncio Pilato, fue crucificado, muerto y sepultado, descendió a los infiernos, al tercer día resucitó de entre los muertos, subió a los cielos y está sentado a la derecha de Dios, Padre todopoderoso. Desde allí ha de venir a juzgar a vivos y muertos. Creo en el Espíritu

Santo, la santa Iglesia católica, la comunión de los santos, el perdón de los pecados, la resurrección de la carne y la vida eterna. Amén.

La Salve

Dios te salve, Reina y Madre, Madre de misericordia, vida y dulzura y esperanza nuestra.

Dios te salve, a Ti clamamos los desterrados hijos de Eva, a Ti suplicamos, gimiendo y llorando en este valle de lágrimas.

¡Ea!, pues, Señora, abogada nuestra, vuelve hacia nosotros tus ojos misericordiosos; y después de este destierro, muéstranos a Jesús, fruto bendito de tu vientre. ¡Oh clemente! ¡Oh! ¡Piadosa! ¡Oh siempre dulce Virgen María!, ruega por nosotros Santa Madre de Dios, para que seamos dignos de alcanzar las promesas y gracias de Nuestro Señor Jesucristo. Amén

Los Misterios

Los Misterios Gozosos
(Se rezan los lunes y sábados)

Primer Misterio Gozoso: La Anunciación de Gabriel a María
Yo Deseo el Amor de la Humildad
Medite en...
La humildad de la Virgen Bendita cuando el Angel Gabriel la saludó con estas palabras: "Alégrate tú, llena de gracia."
[Lucas 1: 26]

Segundo Misterio Gozoso: La Visitación de María a Isabel
Yo Deseo Caridad hacia mi Prójimo
Medite en...
La caridad de María al visitar a Su prima Isabel permaneciendo con ella por tres meses antes del nacimiento de Juan Bautista.
[Lucas 1:39]

El Rosario

Tercer Misterio Gozoso: El Nacimiento de Jesús
Yo Deseo Desprendimiento de Cosas Materiales
Medite en...
Desprendimiento de cosas materiales y amor al desposeído, como María aceptó amorosamente cuando colocó al Niño Jesús, nuestro Dios y Redentor, en un pesebre en el establo de Belén. [Lucas 2:1]

Cuarto Misterio Gozoso: La Presentación de Jesús en el Templo
Yo Deseo Pureza de Corazón y Cuerpo
Medite en...
La obediencia de María a la ley de Dios al presentar al Niño Jesús en el Templo. [Lucas 2:22]

Quinto Misterio Gozoso: Encontrando a Jesús en el Templo
Yo Deseo Encontrar la Gloria de Dios
Medite en...
El profundo dolor con el cual María busco al Niño Jesús por tres días, y la alegría con la que Ella lo encontró a El en medio de los Maestros del Templo. [Lucas 2:41]

LOS MISTERIOS DOLOROSOS
(Se rezan los martes y viernes)

Primer Misterio Doloroso: La Agonía de Jesús en el Huerto
Yo Deseo Verdadero Arrepentimiento por Mis Pecados
Medite en...
Nuestro Señor Jesús en el jardín de Getsemaní sufriendo una amarga agonía por nuestros pecados. [Mateo 26:36]

Segundo Misterio Doloroso: Jesús es Azotado en el Poste
Yo Deseo un Alma de Mortificación
Medite en...
El azote cruel que sufrió nuestro Señor en el poste; los fuertes golpes que destrozaron Su carne. [Mateo 27:26]

Tercer Misterio Doloroso: Jesús es Coronado con Espinas
Yo Deseo Coraje Moral
Medite en...
La corona de espinas puntiagudas que colocaron sobre la cabeza de nuestro Señor y la paciencia con la que Él soportó el dolor por nuestros pecados. [Mateo 27:27]

Cuarto Misterio Doloroso: Jesús Carga su Cruz
Yo Deseo la Virtud de la Paciencia
Medite en...
La pesada Cruz, cargada voluntariamente por nuestro Señor y pídanle a Él que los ayude a cargar sus propias cruces sin reclamos [Mateo 27:32]

Quinto Misterio Doloroso: La Crucifixión de Jesús
Yo Deseo la Gracia de la Perseverancia Final
Medite en...
El amor que llenaba el Sagrado Corazón de Cristo durante las tres horas de Su agonía en la Cruz, y pídanle que esté con ustedes a la hora de la muerte. [Mateo 27:33]

Los Misterios Gloriosos
(Se rezan los miércoles y domingos)

Primer Misterio Glorioso: La Resurrección de Jesús
Yo Deseo una Fe Fuerte
Medite en...
El glorioso triunfo de Cristo cuando, al tercer día de Su muerte, Él se levantó de la tumba y por cuarenta días apareció a Su Bendita Madre y a Sus discípulos. [Juan 20:1]

Segundo Misterio Glorioso: La Ascensión de Jesús
Yo Deseo la Virtud de la Esperanza
Medite en...

El Rosario

La Ascensión de Jesucristo, cuarenta días después de Su gloriosa Resurrección, en presencia de María y Sus discípulos. [Lucas 24:36]

Tercer Misterio Glorioso: La Venida del Espíritu Santo en Pentecostés
Yo Deseo la Virtud de la Sabiduría en los Ojos de Dios
Medite en...
La venida del Espíritu Santo sobre María y los apóstoles, en la forma de lenguas de fuego, cumpliendo así la promesa de Cristo. [Hechos 2:1]

Cuarto Misterio Glorioso: La Asunción de María a los Cielos
Yo Deseo la Gracia de una Muerte Santa
Medite en...
La gloriosa Asunción de María a los Cielos, cuando Ella se reunió con Su Divino Hijo.

Quinto Misterio Glorioso: La Coronación de María como Reina del Cielo y de la Tierra
Yo Deseo un Amor más Grande por la Bendita Virgen María
Medite en...
La gloriosa coronación de María como Reina del Cielo con Su Divino Hijo, para el regocijo de todos los Santos.

Los Misterios Luminosos

(Se rezan los jueves)

Primer Misterio Luminosos: El Bautismo de Jesús en el Río Jordán
Y se oyó una voz celestial que decía: "Este es mi Hijo, el Amado; éste es mi Elegido." [Mateo 3:17]

Segundo Misterio Luminoso: Las Manifestación de Cristo en las Bodas de Caná

216 La Resurrección de la Virgen María

Este fue el principio de las señales milagrosas que hizo Jesús. Lo hizo en Caná de Galilea. Así manifestó su gloria y sus discípulos creyeron en él. [Juan 2:11]

Tercer Misterio Luminoso: La Proclamación del Reino de Dios
Jesús fue a la provincia de Galilea y empezó a proclamar la Buena Nueva de Dios. Hablaba en esta forma: "El plazo está vencido, el Reino de Dios se ha acercado. Tomen otro camino y crean en la Buena Nueva." [Marcos 1:15]

Cuarto Misterio Luminoso: la Transfiguración de Jesús
En presencia de ellos, Jesús cambió de aspecto: su cara brillaba como el sol y su ropa se puso resplandeciente como la luz. [Mateo 17:2]

Quinto Misterio Luminoso: La Ultima Cena, la Santa Eucaristía
Mientras comían, Jesús tomó pan, y después de pronunciar la bendición, lo partió y lo dio a sus discípulos diciendo: "Tomen y coman; esto es mi cuerpo." Después, tomando una copa de vino y dando gracias, se las dio, diciendo: "Beban todos, porque esta es mi sangre, la sangre de la Alianza, que será derramada por una muchedumbre, para el perdón de sus pecados." [Mateo 26:26][1]

---

1 Los Misterios Luminosos fueron agregados al Rosario por el Papa Juan Pablo II en el año 2002, pero no se asignaron "frutos del misterio" o "temas de meditación." Yo utilizo la gracia de Dios que recibimos en el bautismo para el primero; María como intercesora nuestra ante Jesús para el segundo; Valor para seguir la voluntad de Dios para el tercero; Creer en las apariciones de la Virgen para el cuarto; Creer en la gracia de la Eucaristía para acercarnos al Paraíso, a la vida eterna, para el quinto.

Apéndice II

Arbol Genealógico de Anne Catherine Emmerich

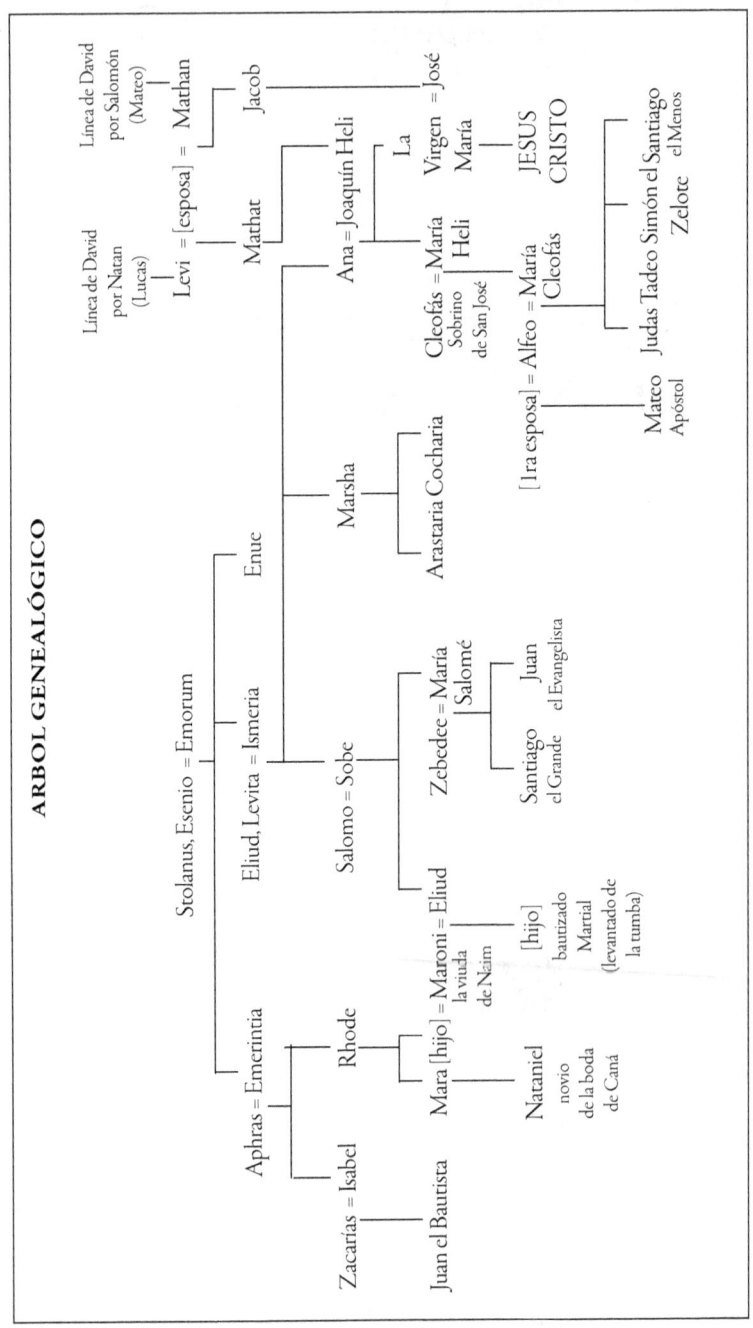

El Arbol Genealógico es impreso con permiso de Tan Books and Publishers, Inc., Rockford, Illinois 61105 de *The Life of The Blessed Virgin Mary From the Visions of Ven. Anne Catherine Emmerich*, página 384.

Apéndice III

Fotografías de Cerro Las Pavas

Foto tomada en Cerro Las Pavas, El Salvador. Nelly Hurtado, la visionaria que ve a María y recibe sus mensajes, se encuentra en extasis, mientras globos de luz parecieran decender sobre ella.

Apéndice III 221

Foto tomada por Bertha Marina Salazar en Cerro Las Pavas, El Salvador el 25 de Noviembre de 1999. La foto muestra lo que pareciera ser la Puerta del Cielo. El fondo son árboles y el cielo.

Foto tomada por Bertha Marina Salazar en Cerro Las Pavas, El Salvador el 25 de Marzo de 1999. La foto muestra lo que pareciera ser la Puerta del Cielo con una figura como María saliendo, y una escalera atras. El fondo son árboles y el cielo.

Apéndice III 223

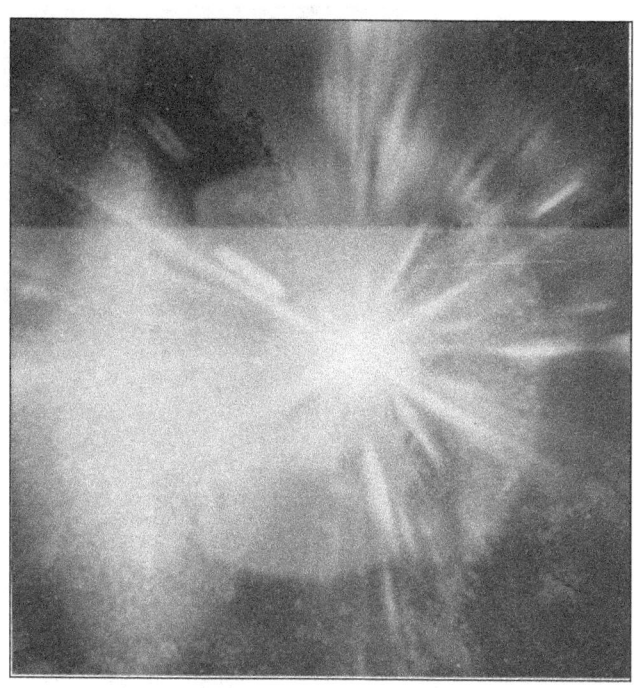

Foto tomada por Bertha Marina Salazar en Cerro Las Pavas, El Salvador el 11 de Febrero del 2003. La foto muestra lo que pareciera ser la Puerta del Cielo con una figura luminosa ya afuera de la puerta y una línea horizontal como una división dimensional. El fondo son árboles y el cielo.

Foto tomada por Bertha Marina Salazar en Cerro Las Pavas, El Salvador en el año 2006. La foto muestra lo que parecieran ser piramides doradas de luz flotando en el aire y una línea dimensional vertical a la izquierda. El fondo son árboles y el cielo.

Apéndice IV

Indice de Ética Corporativa: IEC

El IEC, Indice de Ética Corporativa, es un índice que mediría el comportamiento ético de las corporaciones. Aun cuando esta medida sería difícil de compilar y, al principio, estaría sujeta a muchas críticas, es una medida muy necesitada que puede cambiar el mundo. Si modificamos el mecanismo de incentivos para los ejecutivos que manejan las empresas, estaremos mejor capacitados para influenciar los resultados hacia una mayor responsabilidad social y empresarial. Con la tecnología existente es posible crear dicho índice. Con la buena voluntad de los líderes y de las personas en general, es posible arrancar con el IEC para que guíe los esfuerzos futuros de las corporaciones.

Imagínense que usted pudiese leer un listado de compañías ranqueadas según el IEC, además del ranqueo habitual por retorno a la inversión. Sería muy interesante ver los resultados de esto. Estoy seguro que la gente invertiría más en aquellas compañías con un IEC alto y comprarían productos y servicios de estas compañías mucho más, que en aquellas con bajo IEC. El IEC podría imprimirse en el envoltorio de los productos u ofertas de servicios, para que los consumidores puedan considerarlo antes de comprar. Yo no tendría ningún problema en pagar más por un producto con un IEC alto y creo que muchas personas pensarían de la misma forma.

Dicho índice constituiría un paso hacia crear un sistema de incentivos que estimularían a las corporaciones a poner el interés del ciudadano común sobre los intereses de los accionistas. Este cambio dramático, revolucionario, llegaría al corazón de los negocios, alterando la visión y misión corporativa, y transformaría todo lo que hacen las corporaciones. ¿Es riesgoso? Claro que lo es. ¿Afectaría las utilidades? Probablemente en el corto plazo, por lo menos mientras las compañías se adaptan. Las utilidades definitivamente mejorarían para las compañías con un IEC alto. Los consumidores estarían dispuestos a pagar más por productos y servicios de estas compañías, los empleados estarían más motivados, lo que conduciría a una mayor productividad.

Como consumidores, nuestra primera reacción podría ser: ¿por qué pagar más? Pero la realidad es que ya estamos pagando más por todo en un sistema que no funciona. El consumidor norteamericano paga más de un trillón de dólares (es un uno seguido de doce ceros) por las impropiedades de las comunidades financieras y comerciales. Hemos estado pagando más que nunca por gasolina, atención a la salud, transporte aéreo y prácticamente por todos los productos y servicios que usamos y consumimos.

El IEC sería una especie de cálculo agregado y compilado por una organización independiente que evaluaría el desempeño de las corporaciones en diversos aspectos. Entre éstos podrían estar como la compañía trata a sus empleados, proveedores y a sus clientes; como se relaciona con el ambiente; y cual es su comportamiento como ciudadano corporativo. El IEC entonces sería un promedio ponderado de estas diferentes variables.

¿Es factible? Yo creo que si. Podemos aprender de otros sistemas actualmente utilizados que valúan servicios. Tal vez ustedes conozcan el que utiliza Amazon para evaluar libros, o el que utiliza Netflix para evaluar películas en los Estados Unidos. En estos sistemas, el consumidor valúa un libro o una película según una escala de cinco puntos, y los resultados se presentan como resultados acumulados o promedios. En Amazon, los consumidores pueden escribir sus comentarios sobre el libro, lo cual es muy útil para averiguar sobre el libro antes de comprarlo.

El sistema propuesto sería similar, por Internet, y en él, los consumidores podrían valuar los comportamientos de las diferentes corporaciones. Se tendrían diferentes categorías para la valuación además de una valuación global. La gente podría escribir sus comentarios sobre una corporación y, a la vez, la compañía podría utilizar esta retroalimentación para ajustar donde sea necesario mejorar.

La información recolectada en el sistema "en línea" del IEC no sería anónima, las personas que opinen debieran identificarse, aunque esto hay que pensarlo un poco más. Los empleados, por ejemplo, pudieran estar reticentes a escribir algo negativo sobre su compañía, pero una buena medida de cómo la compañía trata a sus empleados sería el número de comentarios positivos recibidos.

El Instituto de Ética Corporativa sería una organización sin fines de lucro fundada por individuos, corporaciones o el gobierno. Su junta directiva y administración estaría conformada por individuos con ética comprobada.

Entonces ¿es posible? Yo espero haberlos convencido de que si lo es. Si están interesados en colaborar conmigo en este proyecto, por favor escríbanme a:

Alex Gutiérrez
Corporate Ethics Foundation
P.O. Box 300
Sedona, AZ 86339-0300
info@CorporateEthicsFourndation.org

Apéndice V

Consagración Mariana

Yo, (nombre), un pecador sin fe, renuevo y ratifico hoy en tus manos, Oh Madre Inmaculada, los votos de mi Bautismo; Yo renuncio para siempre a Satanás, su pompa y obra; y me entrego por completo a Jesucristo, la Sabiduría Encarnada, a cargar mi cruz detrás de Él todos los días de mi vida, y a ser más fiel a Él de lo que jamás he sido antes.

En presencia de toda la corte celestial, hoy yo te escojo a ti como mi Madre y Reina. Yo me entrego y consagro a ti, como tu esclavo, mi cuerpo y alma, mis bienes, tanto interiores como exteriores, y hasta el valor de mis buenas acciones, pasadas, presentes y futuras; dejándote a ti el completo y total derecho de disponer de mi y de todo lo que me pertenece, sin excepción, según tu buen gusto, para mayor gloria de Dios, en el tiempo y la eternidad. Amen.[1]

— *St. Louis Marie de Montfort*

---

1 *True Devotion to Mary*, St. Louis Marie de Montfort. página 198

Contacte al Autor:

Para contactar al autor puede escribir a:

Alex Gutiérrez
P.O. Box 300,
Sedona, Arizona 86339-0300

También puede contactar al autor por las siguientes páginas Web:
www.LaResurreccionDeMaria.com
www.MotherMarysResurrection.com

o bien a través de los siguientes correos electrónicos:
autor@LaResurreccionDeMaria.com
author@MotherMarysResurrection.com

www.ingramcontent.com/pod-product-compliance
Lightning Source LLC
LaVergne TN
LVHW041613070426
835507LV00008B/215